JN091250

マインドセット・マスタリー

MINDSET MASTERY

コーチングのプロが教える

ダレン・フレミング 著

アイアン・フジスエ 訳

CYZO

ドアを開け、これを学ぶために
私を招待してくれたアリスとアディに。
私を導いてくれたアリに。
ありがとう。

目次

まえがき
私たちは習慣の虜――「マインドセット・マスタリーのない＝心が定まらない」人生 …… 012
習慣や規律に頼ることの問題点 014
何に対抗するのか？ 018
マインドセット・マスタリーとは何か 020
この本について一言 023

第1部 世界との関わり方

1 自分のプログラムを理解する

自分のプログラムを理解する ……… 026

平常心――マインドセットをマスターする秘訣 030
自分の反応を理解し、使いこなす 032
一切皆苦 038
無執着になる方法 044
このことが私たちに日々どのような影響を及ぼすか 048

2 エネルギーこそすべて

エネルギーこそすべて ……… 051

あなたの中の原子 051
一般的だが非生産的な感覚への対処法 057
なぜ私たちは身体内のエネルギーを感じないのか？ 059
ラベリングについて 062
慣れ 064
感覚の観察法 066
何に目を向けるべきか 067

これで得られるもの 072

3 あなたの頭の中の声 074
我々を脱線させようとする、あのクズ野郎 077
感覚から生まれる思考 085
声に支配されているときの見極め 087
独り言 091
不要な思考を停止させる方法 093

4 すべては物語 094
世界はロールシャッハの墨痕 096
私たちは意味を投影する 098
作り話の価値 100
感覚と物語 105

具体的に説明すると　112

第2部 マインドセット・マスタリーの実践

5 何もしないことの力　118
何もしない　121
何もしないでいるための4つの方法　124
生活のあらゆる場面で何もしない　132
何もしない方法　136
6つの禁止事項　138
火山噴火を抑える　144
何もしなかったら？　146

6　マインドセット・マスタリーを仕事に生かす……149

2万5千ドルのマインド・テクニック　150
クイック・キャリブレーション　156
偽者症候群の克服　158
電話営業　160
ムカつく奴　163
家に帰ってからの一杯　166
金儲け　169
20キロ減量　173
午前3時に眠りにつく　176
チョコレートよ、いなくなれ　177
メン・イン・ブラック――記憶消去　181
あなた2・0　185
集中力　189
意思決定　191

結論
100%の選択で生きる …… 194
さてお次は？ 194
不倫のデイヴィッドは？ 195
訳者あとがき 200
索引 205
参考文献 206

マインドセット・マスタリー

コーチングのプロが教える心の定め方

まえがき

私たちは習慣の虜——

「マインドセット・マスタリーのない＝心が定まらない」人生

どこの書店にも並んでいる自己啓発本を見て、あなたは意気消沈してしまうかもしれない。ごく少数の例外を除いて、これらの本は欠陥の視点から書かれている。まるで、あなたが生まれつき何かを持っていない、生まれたときに正しいチップがインストールされていない、あるいは改善すべき不適応な行動を学習してしまったかのようだ。最善の方法は、特定の人々を観察し、彼らがしたことを真似ることだと、これらの本は説明している。そうすることで、自分を縛っているものから解放されるのだ。

結局のところ、作者にとってはうまくいったのだ。

これらの本は主に、習慣や規律、さまざまな考え方について書かれている。どのような状況においても、どのように行動すべきかという計画を与えてくれる。これらの本は、私たちをライフスタイルの犠牲者、あるいは不完全で、より良くなるために援助が必要な人間として見ている。私たちは「習慣の力」を理解することで、「ハイ・パフォーミング習慣」を身につけることができる。あるいは、成功を加速させたいのであれば、『7つの習慣』を身につけよう。そうすれば、栄光の階段を上る前にベッドを整える習慣を身につけることができる。

「最小習慣」は、成功をゲーム化するために習慣追跡アプリを手に入れることを提案している。「タイニー・ハビット」は、小さな障害でつまずかないように、成功の可能性を高めるために、タスクからあらゆる摩擦を取り除く必要があることを示唆している。

これらの本の中には、互いに矛盾しているものもある。『アルケミスト』は、マインドの声に耳を傾ければ夢は叶うと示唆している。しかし、『ファスト&スロー　あなたの意思はどのように決まるか?』には、決断を下すときは感情を捨てよと書かれている。どっちなんだ?　そして、どうすれば感情を家に置いておけるのだろうか?

ロバート・グリーンは、『48の法則』と『口説きの技術』を学べば成功できると言う。しかし、『人を動かす』は、力を持つことよりも興味を持つことの方が役に立つと示唆している。

どれもうまくいかないなら、恐怖を感じながらもとにかくやってみる、あるいは単に「嫌われる勇気」を持つために、「グリット（やり遂げる意志）」を身につけるべきだ。

最後の手段として、それでも行き詰まったら、「気にしない技術」を身につけ、一日をやり過ごすことだ。

これらの本によれば、正しい習慣や規律、考え方を身につければ、やってはいけないことをやってしまったり、やるべきことをやらなかったりする原因となる内的衝動を管理できるようになるという。そうすれば、こうした内的衝動から解放されるはずだ。

習慣や規律に頼ることの問題点

上記の本は明らかに人気があり、よく知られ、インパクトがある。世界中で数え切れないほどの人々を助けてきた。では、それらの何が問題なのか？　私には2つあるように思える。

1つ目は、進歩を善と悪の闘いとして設定していることだ。私たちは通常、やるべきとわかっていてもやりたくないことを確実に実行するために習慣を使う。例えば、ジムに通う、セールスの電話をかける、良いことが言えないなら何も言わない、などである。そして、好きなことに関して不健康な習慣を身につけないようにするために、規律を用いる。飲み過ぎたり、ケーキを食べ過ぎたり、Netflixを見過ぎたりしないように、規律が必要なのだ。

2つ目の問題は、メンテナンスの問題である。習慣や規律を維持するためにこれらのテクニックを使うのをやめると、たいていは振り出しに戻ってしまう。よくある例として、毎週月曜日の朝に営業電話をかけるという強い習慣を持っている営業担当者を考えてみよう。毎週欠かさず電話をかけるのは、それが習慣になっているからだ。当然のことながら、休暇に入るとその習慣をやめてしまう。

職場復帰後、彼女は古い習慣を再確立しなければならないが、すべてが再導入されるわけではない。習慣をサポートし、古い行動を実行できるよう、規律を再構築する必要がある。これには努力が必要だ。

それは他の習慣でも同じだ。休暇に入ると、フィットネスやダイエット、ソーシャルメディアの利用といった習慣をやめてしまう。そして、休暇前の状態に戻るために努力しなければならない。

これらの本は、私たちが意志の力や規律、その他のメカニズムを使って、自分の行動をコントロールし、やってはいけないことをやらないように、あるいはやるべきことをやるように、内なる力（言うなれば衝動）を抑圧していることを示唆している。この力は、私たちが自分で決めたまっすぐで狭い道を進むために、対抗し、統制し、封じ込める必要のある敵とみなされる。まるで、私たちが向上するための方法論が、自分自身の一部を抑圧することを含んでいるかのようだ。

私たちが習慣や規律を使って、電話をかけるのを邪魔したり、ケーキを食べたり、好きな番組の次のエピソードを見ようとしたりする内なる力を抑えるとき、私たちは葛藤を生み出している。私たちの意志の力と習慣が、内なる力を抑えているのだ。この戦略によって、私たちは一日を耐えるための闘いとして設定しているのだ。そこに平穏はない。

歴史上、抑圧された人々が、強制的に変えられたことに感謝して、抑圧する側に回ったことはない。いや、彼らは絶えず反撃している。抑圧者が見ていないときに、被抑圧者は自由を取り戻すために反撃する。この力も同じだ。習慣や規律、意志の力を使って、私たちに行動を起こさせる内なる力を抑圧すれば、私たちは常にその力と戦うことになる。習慣に固執しなければ、失敗する運命にある。これでは選択肢がなくなってしまう。

もしあなたが営業担当者で、月曜日に電話営業をしたくないとか、ケーキを食べたいとか、火曜日の夜、就寝後に別のエピソードを見たいとか思ったら？　その通りにしてしまったらどうなる？　あなたは一週間中電話のことが頭から離れないだろう。ケーキを食べたことに対する罪悪感（またはその他の感情）に対処しなければならないし、夜更かしして暴飲暴食したことを後悔するかもしれない。

習慣を壊すことにもなる。何度かやってしまうと、また振り出しに戻ってしまう。これもまた、あなたが対処しなければならない内部闘争だ。それは面白くない。

この戦略は、選択肢のすべてが悪い世界に生きていることを意味する。自分の「良い」習慣に従って、やりたくないことをやるか、「良い」習慣を壊して、その影響に対処するかのどちらかだ。

そのためか、多くの人が自分の行動を変えることができず、努力することをあきらめるか、その方法について書かれた別の本を探すことになる。

何に対抗するのか？

習慣や規律、意志の力を使って軌道に乗せるとき、私たちは何に対抗しているのだろう？　それは何かでなければならない。月曜日に電話営業をするために規律が必要だとしたら、営業電話をかけたくないと思わせる力があるに違いない。

よく注意してみると、私たちは何かを好きになったり、嫌いになったりする心的エネルギーを感じていることに気づくだろう。セールスの電話をかける気がしないとか、ケーキを食べたくなるとか、寝る前にもう1話見たくなるとか。

この感覚を回避するために習慣を使うなら、私たちは習慣を使って身体から受け取っているメッセージを上書きしていることになる。なぜそんなことをしたいのか？　身体が私たちに送っているメッセージを無視することに、進化上のメリットがあるはずがない。

おそらく問題は、感覚よりもむしろ、その目的に対する私たちの理解にあるのだろう。これからわかるように、感覚の目的は私たちを止めたり、何かを続けさせたりすることではない。むしろ、私たちに何かが好きか嫌いかの結論を出させる、私たちの中のプログラムを〝解放する〟ことなのだ。プログラムが解放されれば、私たちはそこから離れることができ、二度と悩むことはない。19世紀の精神分析学者カール・ユングが言ったように、私たちが無意識を意識化するまでは、それが私たちの人生を左右し、私たちはそれを運命と呼ぶだろう。感覚を解放するとき、私たちは無意識を意識化することになる。これはストア学派が「障害は道である」と言ったときの意味である。嫌なことをやり過ごすことが、そこから自由になる唯一の方法なのだ。

残念なことに、ほとんどの人は、〝解放する〟ということは〝屈服する〟ことであり、〝やり過ごす〟ということは〝歯を食いしばって我慢する〟ことだと思っている。そうではない。先を読めばおわかりのように、やり過ごすとは経験することである。そして、適切に行えば、経験することは歯を食いしばって耐えるよりもずっと早く、簡単で、生産的なのだ。本書で説明されているとおりに行えば、短期間で嫌なことから解放される。

マインドセット・マスタリーとは何か

マインドセット・マスタリーとは、何が起ころうとも、鋼の安定と平静を保つ能力のことである。外的な力が私たちをさまざまな方向に引っ張り、矛盾したことを期待しているときでも、集中力と平静さを保つ能力である。マインドセット・マスタリーがあれば、刻々と変化する世界の混乱にもかかわらず、やるべきことに対処することができる。

マインドセット・マスタリーとは、物事がうまくいかないときにいつもハッピーでいることや、最も過酷な状況でも常にポジティブな精神態度を維持することではない。また、嫌なことに対して免疫ができるように、感じることを抑えたり避けたりすることでもない。その種の戦略は、単に身体の感覚との闘いを増やすだけだ。マインドセット・マスタリーとは、私たちがどのように環境の出来事に誘発されるかを理解することであり、習慣から反応するのではなく、自分で選んだ方法で行動できるようにすることである。

マインドセット・マスタリーは、私たちが身体で経験する感覚に反応することなく、100％細心の注意を払うことで達成される。このように反応しないことで、私たちのマインドは安定し、感覚に対する習慣的な反応を不活性化することができる。

営業担当者にとって、これは電話営業を雑用にしている感覚を無効にすることを意味する。電話営業が雑用でなくなれば、一週間中そのことが頭をよぎることなく、今すぐにでも後からでも電話営業をすることができる。感覚がなければ、ケーキを見ても誘惑されないし、食べても罪悪感を感じない。つまり、習慣的に感覚に反応するのではなく、行動するかしないかを決めることができるのだ。これにより、受動的な行動を防ぎ、その後に起こる混乱を避けることができる。

これはとてもシンプルなプロセスだが、だからといっていつも簡単というわけではない。皮肉なことに、ジムに通うのと同じで、これが難しいと思えば思うほど、その瞬間の進歩は大きくなる。難しいと感じるということは、反応するという古い習慣を積極的に断ち切るということだ。難しいと感じているとき、私たちはこれまで生きてきたプログラミングを解除する作業をしているのだ。

これはすべて非常に直感に反しており、間違った方向に回っているように思える。しかし、マインドセット・マスタリーとは、そのような感覚に反応することなく、その感覚に身を任せることだ。反応しなければ、目標を達成するために習慣や規律、意志の力で一日を満たす必要はない。そうすることで、やることを減らし、より多くのことを達成することができるのだ。

▼ **マインドセット・マスタリーとは、何が起ころうとも、鋼の安定と平静を保つ能力のことである。**

この本について一言

対岸の生活がどんなものか知りたければ、行って見なければならない。自分の側に座っているだけでは、向こうの生活がどのようなものかを見定めることはできない。

この本も同じだ。テクニックの効果は読んだだけではわからない。学んだことを最初からやってほしい。

このジャンルの本の多くは、自分たちの方法論が健全で真実であり、最新の科学的研究に基づいていると説得しようとする。この原稿の初期のバージョンには、この方法がすべて正しく、正しいことを納得させる章がいくつもあった。そして実際正しい。

しかし、それで効果があると確信できるかどうかはわからないし、この本が不必要に長くなるだけだ。『マインドセット・マスタリー』があなたにとって知的なエクササイズであり続けるなら、それは楽しいかもしれないが、結果は出ないだろう。結果を出し、効果があることを知るためには、それを体験しなければならない。

そこで、第1章の最後にそのテクニックを紹介するので、この本を読み進めながら、それを自分の人生に応用してほしい。それがあなたの世界でどのように機能するのか、確かめてほしい。テストして、試して、自分に合うかどうか確かめてほしい。もしうまくいったら、やり続ければいい。また、うまくいかなくても、観察を続ければいい。

しかし、私が紹介するようにこれを実行すれば、必ず成功することはわかっている。

第1部

世界との関わり方

1 自分のプログラムを理解する

デイヴィッドは憧れの女性、ニコールと一夜を過ごしたばかりだった。彼女は賢く、セクシーで、彼のことを理解しているように見えた。彼は彼女とベッドで一日を過ごしたいと思った。しかし問題があった。デイヴィッドはキャロラインと結婚しており、3人の子供がいたのだ。

デイヴィッドは不倫をしようと思ったわけではなく、成り行きだった。彼はキャロラインと結婚して23年になるが、ここ数年は心が離れつつあった。結婚生活が古臭くなり、一緒に楽しんでいた日々を懐かしんでいた。よく行っていたナイトクラブに戻ろうと提案したこともあったが、騒音が気になり、どちらともなくやめにした。

どうしてこんな人生になったのだろう。彼はいつも、自分が不倫などするはずがないと思っていた。彼は不倫が家族をめちゃめちゃにすることを知っていた。長年、そうした同僚や友人たちを見てきた。しかし、その彼が数週間前に出会った女性と時間を過ごすために、州をまたいだ出張を装っていたのだ。どうしてこんなことになったのだろう?

25歳でキャロラインと出会ったとき、彼は自分の幸運を信じられなかった。キャロラインは本当に彼のレベルを超えていた。彼女には何かがあった。おそらく、彼女のブロンドの長い髪か、部屋に入ったときの自信に満ちた雰囲気だったのだろう。彼は彼女の生意気で不遜な性格、ユーモアのセンス、誰とでも話せる能力に惹かれた。これほど多くの友人や崇拝者を持ち、誰とでも付き合え、彼女は彼を求めていた。

二人の関係の最初の数年間は素晴らしいものだった。アルコールとセックスに煽られ、ふたりはパーティーをし、旅をし、欲望の赴くままに行動した。何年も語り継がれるような物語を語りながら、ふたりは自由気ままな生活を送り、突拍子もない決断をした。ヨーロッパへの大旅行の後、ふたりは永遠の幸せを手に入れる準備ができたと決めた。

しかし、それも今は遠い昔のことのように思える。ここ数年の記憶は、子供のスポーツ、仕事、年老いた両親の世話、そして郊外での退屈な生活ばかりだった。キャロラインと最後にセックスしたのも、一緒に酒を飲んで楽しい夜を過ごしたのもいつか、覚えていない。彼はまたあのような楽しみをしたいと切望していた。

おそらく、ニコールが彼の目に留まったのはそのためだろう。会議で彼女に会ったとき、彼はその印象の強さを覚えていた。ニコールもブロンドの髪で、自信にあふれ、生意気で不遜な性格だった。彼女と話したとき、彼の中で何かが揺さぶられた。彼女をもっと知りたくなったのだ。ガラ・アワードで酒を酌み交わした後、彼はその興味がお互いにあることを知った。いつの間にか、彼らは定期的にメールをし、飲みに行き、そしてカエサルのようにルビコン河を渡ったのだ。

今、彼はここで樽を見つめている。キャロラインとのこの23年間を、たった数週間しか付き合いのない相手のために投げ出したいと本当に思ったのだろうか？　エミリーは12年生［高校3年生］になり、定年退職が目前に迫っている今、彼は本当に家庭を崩壊させ、家も退職金の半分も失い、すべてをやり直したいと思っているのだろうか？　彼はすでにそうしていたのだろうか？

彼は2つの世界の間で引き裂かれ、どうしていいかわからなかった。ニコールのことを考えると、彼は興奮し、活力を得て、若返ったように感じた。しかし、キャロラインのこと、ふたりの共通の歴史、家族への愛、そして引退後のプランのことが頭をよぎった。キャロラインがそれを知ったら、きっとショックを受けるに違いない。彼は今、自分がどれほど彼女を愛していたかを思い知った。キャロラインがそれを知ったとき、彼女に与える苦痛を考えると、耐えられない。自分の選択を後悔した。しかし、もう遅かった。

彼は決断を迫られた。自分のマインドに従ってニコールを追いかけ、中年の危機を体現するようになるべきか？　それとも、正気に戻ってキャロラインと一緒にいるべきか？　彼の毎日は、この2つの選択肢の間で揺れ動き、それぞれの高揚感と落ち込みの両方を味わうことに費やされているようだった。疲れるし、精神的にも消耗する。しかし、彼はニコールが頭から離れなかった。毎日、彼が考えることは彼女のことにはじまり、彼女のことに終わった。携帯電話のメール音が鳴るたびに、彼の心臓はドキドキした。彼らはただお互いを理解し合った。彼は久しぶりに幸せを感じた。これは何か意味があるに違いない。

ネタバレ注意――意味はない。

平常心――マインドセットをマスターする秘訣

朝目覚めたとき、一瞬、自分の人生に何が起こっているのか思い出せなかった経験はないだろうか。横になっていると、穏やかで平和でリラックスできる。どんな考えも頭に入ってこず、ほんの一瞬、マインドが平穏になるのを体験する。純粋な至福に酔いしれる。

そして現実が押し寄せてくる。あなたの人生を構成しているすべての記憶、思考、感情がよみがえり、平穏は失われる。あなたは一日の計画を立て、それがどんなものになるかを判断し始める。これは楽しみだけど、これは違う。このチャンスは楽しみだが、あの雑用は困る。あの人と会うのは良いことだが、あの人とも会わなければならないので、それは良くない。

いつの間にか自分の人生に巻き込まれ、その一瞬に感じた平静さは消えてしまう。

平静を乱すもの

マインドの平穏や平静を奪うのは、思考そのものではない。一日を過ごすためには考えなければならない。思考がなければ、ベッドから起き上がることも、子供たちを学校に送り届けることも、大きなチームを管理することもできない。考えることが問題なのではない。

また、あなたが考える思考のタイプでもない。多くの人が信じていることとは裏腹に、あなたはあなたの思考ではない。思考はただ起こるものだ。あの人があんなことをしているなんて考えたくなかったのに、なぜか頭に浮かんでくる。あなたが望むと望まざるとにかかわらず、まったくランダムなことが頭に浮かんでくるのはよくあることだ。

よく注意してみると、すべての思考が、たとえランダムなものであっても、あなたの身体にエネルギー的な感覚を生み出していることに気づくだろう。愛、恐れ、怒り、プライドなど、大きなものを見つけるのは簡単だが、それ以外のものにもあるのだ。

あなたの平穏（Peace）と平静（Equanimity）を奪うのは、これらの感覚でもない。むしろ、あなたの平穏平静は、これらの感覚にどう反応するかによってもたらされる。常に考えていると、常にこれらの感覚を持つことになる。身体がその感覚を気に入れば、もっとその感覚を欲しがる。その感覚が嫌いなら、それを避けようとする。

これらの感覚をより多く、あるいはより少なくしたいと渇望することが、あなたの平穏と平静を奪うのだ。

自分の反応を理解し、使いこなす

私たちの平穏と平静は、感覚をどう経験するか、どう回避するかという身体の絶え間ない欲求によって奪われている。身体は、感覚に反応することが唯一の方法だと信じて生きてきた。身体は反応にまつわる強い習慣を身につけ、それが予測可能な行動パターンを駆り立てる。欲求や嫌悪を満たすために、感じていることを変えようとするこの絶え間ない衝動が、私たちの平静さを奪っているのだ。欲望や嫌悪に反応しないように身体を手なずけることができれば、マインドセットをマスターしたことになる。そうすれば、私たちはありのままの世界に出会うことができ、習慣から反応するのではなく、選択から行動することができる。

▼私たちの平穏と平静は、いかに感覚を経験するか、あるいは回避するかという身体の絶え間ない欲求によって奪われている。

感覚と身体のフィードバック・ループ

私の心理学の学位を貶めることになってしまうかもしれないが、私たちが世界と関わる方法は非常に単純なプロセスである。私たちが出会うものはすべて、感覚と身体のフィードバック・ループ（ＳＢＦＬ）の４つのステップを経て、再び始まる可能性がある。私たちが思考から経験する感覚は３番目のステップで生まれ、私たちの反応は４番目のステップで起こる。ループを断ち切ることができるのは、最後のステップだけである。最初の３つのステップは自動化されており、これらのステップでループを変えたり止めたりしようとする試みは無理筋である。

感覚と身体のフィードバック・ループのステップは以下の通りだ。

（1）**認知**。私たちが環境にある何かを認知するには、まず7つの感覚器官のいずれかがそれを認知しなければならない。見たり、聞いたり、触ったり、味わったり、嗅いだり、動きを感知したり、考えたりする必要がある。感覚器官がそれを感知できなければ、私たちはそれがそこにあることに気づかない。

認知は自動化されたプロセスだ。私たちは感覚の働きを止めることはできない。もちろん、目を閉じて何かを見ないこともできるが、それでも私たちは見ているのであって、見ているのはまぶたの内側だけなのだ。音も同じだ。聴力がある人間が音楽のある部屋にいて、それが聞こえないということはありえない。私たちは思考をしていながら、その思考に気づかないでいることはできない。すべての感覚に共通することだ。

（2）**認識**。脳は感覚入力を感知すると、それを解釈し始める。これは自動化されたプロセスであり、止めることはできない。誰かが母国語で話しているのを聞いたら、それを理解しないわけにはいかない。これはあらゆる感覚に共通する。黄色い車を見て、それが黄色い車だと認識せずにいることはできない。熱いものに触れて、それが熱いということを認識しないことはできない。

認識が処理に入ると、脳は自動的にその認知を評価する。過去に同じような認知に遭遇したときの記憶を使って評価を行い、その認知が好きか嫌いかを判断する。もう一度言うが、これは自動化されたプロセスであり、たとえセラピーで何年も「努力すれば状況の見方は変えられる」と言われてきたとしても、止めることはできない。

（3）**感覚**。脳は感覚入力を評価するとすぐに、何が起こったかを伝えるために身体に感覚を発生させる。この感覚がなければ、身体は何が起きているのか、何が求められているのかを知る術を持たない。こうした感覚がなければ、逃走、闘争、凍りつき反応などのシステムは進化しなかっただろう。もう一度言うが、これは自動化されたプロセスであり、いくらアファメーションしたり、日記を書いたり、セラピストと話したりしても変わらない。変わりようがないのだ。

（4）**反応**。これがフィードバックのループを止めることができる最初で唯一のポイントである。身体がこれらの感覚に反応する方法は3つある。

身体がその感覚を気に入れば、もっと経験したいと思うようになる。放っておくと、身体はその感覚を追い求め、中毒になる。

もしその感覚が気に入らなければ、それを避けようとする。もう一度言うが、もし放っておけば、その感覚に対して嫌悪感を抱くようになり、それを避けるために全力を尽くすようになる。

そして身体は、これらの欲求や嫌悪を満たすために、世の中でどのように行動できるかを特定しようとする。これは、マインドがそれを達成するための思考を生み出すことによって行われる。そしてその思考がフィードバックのループを再開し、すべてのプロセスが再び始まる。これは時間とともに雪だるま式に増えていく。

第三の方法は、反応しないことだ。その感覚を好ましいとか好ましくないとか判断せず、ただ身体の感覚として体験するのだ。そうすれば、フィードバック・ループを再開させるような思考は生まれない。反応しないとき、私たちは身体を手なずけて、マインドの平穏と平静を奪う欲求や嫌悪を止めるのだ。

反応することなく、ただ感覚を体験するとき、私たちは自分の身体で起きていることに100%立ち会っている。その感覚を経験するという行為だけで、その感覚を引き起こしたプログラミングが不活性化される。これにより、私たちを支配する力が弱まる。この無反応を何度か繰り返せば、その感覚はもはや私たちの中で引き起こされなくなる。

不応期

身体の感覚について、マインドが思考を起こさなくなるまでの時間を「不応期」という。ある出来事が起きて反応すると、この時間が長くなる。

不応期が解消されるまでの期間に決まりはないが、一般的に言えば、短ければ短いほどよい。マインドセットをマスターしていれば、不応期はすぐに解消できる。マスターしていなければ、何日も、何週間も、何カ月も、何年も不応期が続く可能性がある。何十年も！　理論的には、その出来事が過ぎ去れば、反応しなければ不応期を引き延ばすことはない。そうすれば、次にすることに100％集中することができる。

ある出来事を経験した人は、それが望ましいものであれ、そうでないものであれ、その出来事が過ぎ去った後も、その出来事について考え続けている。

不応期を引き金となる出来事の期間以上に延長すると、想像した現実を世界に投影することになる。この想像上の現実は、欲求や嫌悪を解決するためにマインドが生み出す思考から生み出される。そうなると、私たちは出来事に対して反応していたところから、その出来事に関する記憶や思考に反応するようになる。これが計り知れない苦しみを引き起こす。出来事は終わったのに、感覚に反応し続けることで、私たちはＳＢＦＬに閉じ込められ、さらなる感覚を生み出す思考を止めることができない。これが、解決しなければならない欲求や嫌悪をさらに駆り立てる。このように不応期が延長され続けることが、心的外傷後ストレス障害（ＰＴＳＤ）のような現実的なトラウマを引き起こすのである。

頭の中の思考に反応することで、自分自身を苦しめているのだ。身体の感覚に反応するのをやめれば、苦しみを駆り立てる思考を止めることができる。

一切皆苦

人生のすべては苦しみである、と言ったのはブッダだ。悟りを開いたはずのブッダがこのようなことを言うのは、かなり名折れのように思える。

しかし、私たちが欲求を追い求め、嫌悪と闘うという絶え間ない葛藤を経験することを考えれば、彼がいかに正しかったかがわかるだろう。だからこそ彼は、反応しないこと、つまり判断力を持たないことで、欲求や嫌悪を完全に避けるべきだと提案したのだ。何かを欲しがったり、欲しがらなかったりすることに執着してはいけない。何が起こっても、それが何であるかを経験し、平静さを失わないこと。100%それとともにいて、身体からのメッセージを観察する。そしてそれがなくなったら、次にやってくることを経験する。

ブッダがそれが正しいことだと気づいたのは、宇宙のすべてが無常であることに気づいたときだった。たとえ欲しいものを手に入れたとしても、それはいずれ去っていくのだから、執着してはいけない。ありがたいことに、これは嫌悪にも当てはまる。望まないものを手に入れたとしても、それはいずれ過ぎ去るものだと知って経験するだけでいい。

無常の法則

宇宙のすべては無常であり、絶え間なく変化している。人は誰でも年をとり、そして死ぬ。それが最大の変化だ。他のすべてのものも変化する。日が変わり、天気が変わり、太陽が変わり、季節が変わり、身体が変わり、政治が変わり、環境が変わり、家族が変わり、好きなものが変わり、欲しいものが変わる。すべてが変わる。変わらないものなどない。このことに気づいたとき、ブッダは悟りを開いた。

ブッダは、私たちが身体で経験する感覚もまた変化するものだと悟った。それは永遠に続くものではない。もし私たちがある感覚を切望しているならば、その感覚にアクセスできなければがっかりするだろうし、アクセスできたとしても、その感覚が薄れてしまえばがっかりするだろう。また、ある感覚を体験することに嫌悪感を抱いていれば、やがてそれを体験したときに動揺するだろう。すべての感覚は、たとえ望ましくないものであっても、やがて移ろうものだ。それなのに、なぜその感覚に執着し、平安と平静を奪われてしまうのか？

彼はこれを「アニッカ」（無常の法則）と呼んだ。物理学者はこれを「エントロピー増大の法則」と呼ぶ。時間の経過とともに、すべてのものは秩序から無秩序へと移り変わっていく。何かが変化しないよう望むことは、自分自身を不幸に陥れることになる。何かは必ず変化し、まさにあなたの望んでいないものとともに取り残されることになるからだ。これはあなたのマインドの平穏を奪うことになる。

▼諸行無常である。

ブッダは諸行無常を悟ったとき、平安と平静を何かに結びつけてしまえば、自分の幸福を変化するものに依存させてしまうことに気づいた。そうすれば幸せも変わってしまう。そこで彼は、渇望や嫌悪は常に不幸をもたらすという仮説を立てた。渇望や嫌悪を生み出さないという単純な行為が、精神的な平穏と平静をもたらすのだ。彼は、身体の感覚に執着せず、ただありのままを経験することを提案した。

反論するのはかなり難しい論理だ。

ブッダはどうでもいい！——私には目標があるんだ！

一見、それは正しい態度だが、少し近視眼的かもしれない。ブッダは、目標に向かって努力するなとも言っていないし、一日中家で何もせずに座っていろとも言っていない。実際、ブッダは達成したいことに向かって一生懸命、勤勉に働くべきだと言った。ブッダが言ったのは、得られるか得られないかとあなたの平静を結びつけるべきではないということだ。昇進を望むなら、必要なスキルを身につけ、その役割に応募し、面接に行き、全力を尽くす。しかし、もし昇進できなかったとしても、それで平静を失ってはいけない。決断を下すのはあなた以外の人間であり、彼らの行動をあなたがコントロールすることはできない。他人の行動をコントロールできないのであれば、なぜ自分の幸せを他人の決断に依存させるのか？

セールスを成功させるのも、スタッフを採用するのも同じだ。目標を達成するために必要なことはするが、自分ではコントロールできない他人の決断に左右され、平静さとマインドの平穏を保てないようではいけない。

自分の望むことを追求するが、その結果で自分の幸福を決めるな。

では……無関心でいるべきか？

いや。

無関心と無執着は違う。

無関心とは、気にしないことである。無関心であることを表明する人は、多くの場合、非常に深く気にかけているが、望むものが得られない苦しみを避けるために、状況に関連するあらゆる感覚を抑圧している。

無執着とは、その瞬間に生じるあらゆる感覚を完全に経験し、ありのままに観察することだ。それは、あなたの平穏を邪魔することなく、それらを完全に経験することを意味する。自分が感じていること（好ましいものであれ、好ましくないものであれ）に100％集中し、それをありのままに経験すること。ただ、それにとらわれないこと。

無執着とは、受け入れることだと考えてもらっていい。受容とは、自分がこうあるべきだと思うやり方に合わせることなく、人生に関わることだ。たとえ自分の中に望ましくない感覚が生まれたとしても、他人が自分にとって最善の決断を下したことを受け入れるのだ。彼らにはそれをする権利があり、主体性がある。受け入れることで、物事をありのままにとらえ、前に進むことができる。

受け入れるということは、感覚にレッテルを貼ったり、自分のものにしたり、判断したり、抵抗したり、正当化したり、説明したりしないということだ。ただ経験するのだ。

受け入れることが、この本全体のテーマだ。

だからといって、黙って人が自分を踏みつけていくのを見過ごす必要があるのか？

もう一度言う。

無執着とは、ドアマットになることでも、他人に振り回されることでもない。周囲の世界に平静を奪われないということだ。昇進を逃しても、昇進を逃したことを訴える正当な理由があると思えば、それを目指せばいい。ただ、怒りや腹いせでそれを求めてはいけない。

受け入れるということは、感覚にレッテルを貼ったり、自分のものにしたり、判断したり、抵抗したり、正当化したり、説明したりしないということだ。ただ経験するのだ。

無執着になる方法

感覚に執着せず、判断も下さないことは、とても良いことのように聞こえるが、どうすればいいのだろう？　一度始まった思考を止めることはできない。

無執着であることは、自分が何を考えているのか、何がその原動力になっているのかを自覚することだ。頭から抜け出して、身体の中に入ることだ。

以下は、この本の残りの部分を読みながら実践できる「マインドセット・マスタリーの6つの禁止事項」である。同意する、同意しない、面白いと思う、あるいはその他の反応を示す何かに出くわすたびに、自分の身体で何を感じ取ることができるかを検出しよう。感覚を感じたら、「6つの禁止事項」を適用しよう。

- ⦿ レッテルを貼らない（賛成、反対、それは良いこと、悪いこと、など）。
- ⦿ 自分のものにはしない（これは私がこの種のことに対して感じていることに過ぎない、と考える）。
- ⦿ 判断しない（正しいか間違っているかを判断してはいけない）。
- ⦿ 抵抗しない（感覚を抑えない）。
- ⦿ 正当化しない（私にはそう感じる理由がある、などと弁解しない）。
- ⦿ 説明しない（私がこう感じるのは何かの本で読んだから……などと言わない）。

ただ、自分の身体に存在する感覚を観察し、経験するだけでいい。

無意識を意識化する

上記のステップは難しいかもしれない。最も簡単な方法は、ある感覚に関連した思考が浮かんだら、その感覚に全神経を集中して、その思考を無視することだ。こうしている間にも、思考はバックグラウンドで続いていく。それを止めようとせず、そのままにしておく。ただ身体の感覚に集中してほしい。

「6つの禁止事項」を実践することで、無意識を意識化することができる。反応することなく感覚を体験するとき、私たちはもはや身体の中にある無意識のプログラミングに振り回されているのではない。私たちは無意識のプログラミングを表面化させ、それを意識化できるようにするのだ。そうなれば、無意識が私たちの人生に与える影響は大幅に減少する。

これが案外難しいのには複数の理由がある。その主な理由は、私たちが生涯をかけて、正反対のことをするように訓練してきたからだ。本書の残りの部分では、そのような理由が何なのかを解き明かし、感覚に反応しないことで感覚と身体のフィードバック・ループを止める方法を詳しく説明する。

反応せずに人生を楽しむには？

反応しないというのは、ＳＢＦＬの引き金にならないよう、すべての感情を殺し、石のように冷淡な性格を維持することではない。それでは憂鬱な生き方になってしまう。

身体の感覚を経験するということは、その感覚と、その感覚があなたに送っている『メッセージ』に１００％立ち会っているということだ。あなたが受け取っているメッセージが、あなたに微笑みをもたらし、幸福感を表現しているのなら、そうすればいい。その感覚があなたを泣かせ、悲しみを表現しているのなら、そうするのだ。感覚に集中するということは、その感覚について新たな考えや意味を生み出すことによって、ＳＢＦＬを再活性化させないということだ。その感覚について物語を作らずに、その感覚を体験するのだ。

このことが私たちに日々どのような影響を及ぼすか

デイヴィッドのことを思い返せば、彼の精神的な平穏と平静が不倫によっていかに打ち砕かれたかは容易に想像がつく。ニコールとの次の出会いの興奮への切望は、ほとんど耐え難いことだっただろう。しかし、それはキャロラインや家族、そして自分自身にしていることへの嫌悪感によって即座に打ち消されただろう。彼は毎日のほとんどをこの欲望と嫌悪感の2つの間で過ごしただろう。これは彼の精神的領域をすべて奪い、精神的に疲弊させただろう。相反する2つの重要な考えの間で悩んだことのある人なら、それがどんなものかわかるだろう。

もしデイヴィッドがSBFLを理解していたら、彼が望めばまったく違う場所にいたかもしれない。ニコールと出会ったとき、彼はただ彼女が彼の身体に引き起こす感覚を経験し、楽しむことができただろう。もし単純に体験していれば、彼が反応するまでもなく消えていただろう。そうすれば、彼はそれ以上を切望することもなかっただろうし、その感覚に基づいて関係が進展することもなかっただろう。

それはあなたも私も同じだ。私たちは、不倫や家庭崩壊のような大きな欲求や嫌悪には対処していないかもしれないが、特定の感覚を追い求め、他の感覚を追い求めないとき、SBFLの原動力となっているのと同じ欲求や嫌悪を経験する。これから始まる1週間が、子供のスポーツ、仕事、年老いた両親の世話でいっぱいだと思えば、私たちはその思考から感覚を経験する。そのような感覚に嫌悪感を抱き、それを避けようとすると、子供のスポーツの時間にスマホを操作したり、仕事中に空想にふけったり、老いた両親との残された時間を楽しめなくなる。私たちは、目の前で起こっている人生を見過ごしている。それはすべて、身体で経験した感覚に渇望や嫌悪感を抱いているからだ。

欲求や嫌悪に反応し続けることが、私たちの精神的な平穏と平静を奪うのだ。この絶え間ないフィードバック・ループに陥っているとき、私たちは自分の思考と最終的に経験する感覚を変えるために、身体感覚に対する反応を絶えず再調整しなければならない。何か嫌悪を感じているとき、私たちはそれを望ましい思考に置き換える渇望を見つけようとする。そして、その結果生じ移ろい続ける感覚と戦う。このプロセスが毎日毎日続き、私たちは常に警戒することになる。これは疲れる。

マインドセット・マスタリーを確立し、より少ない労力でより多くのことを達成できるようにするには、身体の感覚に反応するのをやめる必要がある。身体の感覚に反応するのを止めるには、エネルギーがどのようにマインドを動かすのかを理解する必要がある。それが次の章の内容だ。

2 エネルギーこそすべて

あなたの中の原子

過去138億年ほどの間に、現在あなたの身体と呼ばれるものを作り出している原子は、驚くべき旅をしてきた。今、あなたの中にある水素原子のひとつを考えてみよう。

あなたの一部となる前、その原子は、はるか彼方の銀河系の星で生まれた。そして45億年前のある時、私たちが地球と呼ぶ岩石にたどり着いた。

地球上にいる間、この原子はまた別の水素や酸素などさまざまなものと結びついて、私たちが水と呼ぶものを形成してきた。この水の分子は海の中にいたり、川の中にいたり雲の中にいたりした。

ある日、それは雨粒となって地球に落ちた。雨粒は地面に落ち、吸収された。その地面にあった種がそれを「飲み」、草を生やした。牛はその草を食べ、水の分子を手に入れた。そしてその分子を牛乳に混ぜて牛乳パックに入れ、近所のカフェに届けた。そこに着くと、素敵な髭を生やしたヒップスター・バリスタがミルクを泡立て、淹れたてのシングルオリジン・コーヒーに注いで、あなたが今朝飲んだ完璧なカフェラテを作った。

その原子は今、あなたの一部となっている。その原子は現在、あなたの水分を保つ細胞の中にある。今日この後、細胞はそれを排泄し、あなたの膀胱に移動し、あなたはそれをトイレに排出する。そこからパイプを通って処理場へと移動し、最終的には海に排出され、そこでまた驚くべき旅をすることになる。

それは、あなたの目の前にあるすべてのものの原子についても同じ話である。あらゆるものの原子は、宇宙空間と時間を行き来するランダムな旅を経て、今日のあなたの世界の一部となったのだ。

あなたの中や目の前の原子が、今この瞬間に存在するまでに138億年かかっている。本当に驚くべきことだ。あなたやあなたの世界にあるものの原子たちが歩んできた力と道のりを考えれば、私たちが人生でコントロールできることがいかに少ないかがわかるだろう。

コントロールできることなど何もない

目の前にある世界を創り上げている原子が、何十億年もかけてこのような順序で集まったのだとしたら、世界は私たちの意見やアドバイスを必要としていないと言っていいだろう。私たちは周りの世界に対して、ほとんど何のコントロールも影響力も持っていないのだ。

確かに、ここからあそこへ物を移動させたり、家やオフィスビルを建てたりすることはできるかもしれないが、それは世界が今のようになるまでに起こったことに比べれば些細なことだ。実際、もしあなたが今いる世界から即座に切り離されたとしても、ほとんど何も変わらないだろう。私たちはこれを日常的に目にしている。誰かが死ねば、その人なしで世界は続いていく。たしかに、故人に近しい人々にとっては多くの混乱があるが、世界は続いていくのであり、彼らはその中で新たな活動方法を見つける必要がある。私たちが旅立つとき、それはあなたにとっても私にとっても同じだろう。

宇宙は何十億年もかけてこの世界を作り上げ、私たちが経験できるように完璧に演出してきたのに、それでも文句を言う人がいる。雨が降っているとか、渋滞で誰かに割り込まれたとか、カフェラテが熱すぎるとか、冷たすぎるとか、濃いとか、薄いとか、そういうことで文句を言うのだ。宇宙は世界を今あるように正確に創造しているのに、彼らはもっと良い方法があると思うから文句を言うのだ。

このタイプの人間には「不平屋」という特別な言葉がある。

残念ながら、誰もが時にはこのカテゴリーに入る。

▼ あるタイプの人間には「不平屋」という特別な言葉がある。

不平屋

不平屋は、自分が宇宙よりもよく知っていると思っている。何十億もの星を含む巨大な銀河から、生命を生み出す微小なタンパク質や分子まで、宇宙が与えてくれたあらゆる栄光を目の当たりにして、なぜか自分たちがたまたまいる場所で、宇宙がすべてを間違ってしまったと考えるのだ！　宇宙を助けるために彼らがいてくれるなんて、私たちはなんて幸運なのだろう！

不平屋が抱えているのは局所的な問題だ。彼らには宇宙の裏側がどうであろうと、何の問題もない。1億光年離れた銀河系があるべき姿と違う、などとは決して言わない。また、街の向こう側で何が起きているのかにも関心がない。廊下の向こうのオフィスで何が起こっているのかさえ、彼らは気にしない。しかし、自分たちのいる部屋や周囲の人々の行動となると、自分たちは宇宙よりもはるかに物事のあるべき姿について洞察力があると信じているのだ。

不平屋は、自分が幸せになるためにはこうあるべきだという決まった方法があると信じて過ごしている。彼らが気づかないのは、目の前の世界は物理学、生物学、化学の法則に支配された予測可能なパターンに従って展開しているということだ。過去138億年もの間、この法則に間違いなく従ってきたのであり、その瞬間に展開される自分のバージョンを体験できる唯一の人間になるチャンスがあるのだ。しかし、不平屋は、何かを変えたいのだ。

不平屋が抱えている問題は、彼らの身近にある世界のあり方にあるのではなく、ＳＢＦＬが環境によって活性化される際に、彼らが経験しているエネルギー的な感覚にあるのだ。彼らは人生のある時点で、自分が感じているものに対して嫌悪感を抱くようなプログラミングを受けた。彼らは今、それを宇宙が引き起こした何かのせいだと思い込んでいる。その感覚に対する彼らの反応は、自分の感覚が起こっていることに遭遇し、フィードバック・ループを引き起こすことがないように、宇宙がほんの少し変わることを要求することだ。これは宇宙レベルの傲慢である！

ティーンエイジャーが、部屋を掃除するように言われても嫌がる場合を考えてみよう。親から「部屋を掃除しなさい」と言われると、ＳＢＦＬはギアを入れ、その要求に関連した身体感覚を経験する。その感覚が気に入らなければ、それを避けようとする。おそらく、掃除中に携帯電話を置かなければならないことも考えるだろう。ほんの一瞬でも携帯電話が手から離れることを考えると、再びＳＢＦＬが活性化し、嫌な感覚を引き起こす。そのような感覚を避けるために、彼らはベッドに横たわったまま、携帯電話をぼんやりと見つめる。

一般的だが非生産的な感覚への対処法

嫌悪感を抱くエネルギー的感覚に対処する方法は、主に3つある。

1つ目は、その感覚を先延ばしにすること。その感覚を経験しないように、その状況を避け、そのことを考えないようにする。これは感覚を避けるには有効だが、問題を解決することにはならない。

2つ目は交渉することだ。この戦略を使うとき、私たちは自分に適した結果を求めて感覚と交渉しているように見える。ティーンエイジャーは、「ベッドを片付けてから、床を掃除する前にちょっと携帯電話をチェックしよう」と交渉するかもしれない。携帯電話で自分にご褒美をあげるのは合理的に聞こえるかもしれないが、実際には意味がない。結局のところ、ティーンエイジャーは誰と、あるいは何と交渉しているのだろうか？　それは自分自身である。だから、交渉はきっと狂気の兆候に違いない！

3つ目の戦略は期限である。ティーンエイジャーにとって、期限とはしばしば他人から課されるものである。友だちが遊びに来るから、その前に部屋をきれいにしておかなければならないとか。

あるいは、部屋がきれいでないと親がパーティーに連れて行ってくれないのかもしれない。このような作戦をとるときは、不快な感覚を押し殺し、仕事をやり遂げるしかない。

これらの戦略は、感覚を避けるためには有効だが、大変な作業であり、問題を解決するものではない。いずれ、感覚に対処するだけでなく、問題にも対処しなければならない。

あなた自身も、こうした戦略に気づいているかもしれない。私たちは皆、家庭や職場でやらなければならない仕事を先延ばしにしたり、自分自身と交渉したり、最終的には期限にこだわったりする。だから人は、期限までに仕事を終わらせるためにオフィスに閉じこもってしまうのだ。

感覚に対処するための最も生産的な解決策は、ただそれを経験することだ。自分が感じていることに集中し、「6つの禁止事項」を適用する。そうすれば、無常の法則が働き、感覚は不活性化する。感覚を停止させるということは、感覚を意識化するということであり、感覚はもうあなたの人生を左右することはない。実にシンプルなことだ。

なぜ私たちは身体内のエネルギーを感じないのか？

身体内のエネルギーを感じることは、その習慣さえ身につければ比較的簡単なことだ。残念なことに、それができていない理由がいくつかある。

私たちはその方法を教わっていない

悲しいことに、私たちの西洋社会は、身体のエネルギー的感覚を知るという考えをあまり受け入れていない。私たちが何を考え、何をすべきかをコントロールするのは論理的な理性である、というのが私たちの共通認識なのだ。何世紀もの間、西洋医学はマインドと身体を別個の無関係な存在として扱ってきた。ありがたいことに、これは現在変わりつつある。

１９８０年代半ばにシドニー西部の学校に通っていた頃、私たちは身体に感じるエネルギー的な感覚はすべて悪いものだと教えられていた。授業中に動きたくなったり、話したくなったり、何か言いたくなっても、それは悪魔が怠惰なマインドのために仕事を見つけようとしているのだと言われた。私たちは、その日生きて家に帰るために、身体で経験することを抑えなければならなかった！

でも、これは真実ではないと思う。教師はこれをコントロールのメカニズムとして使っていただけだと思う。

エネルギー的な感覚は、私たちの身体が環境の中で経験していることに反応しているだけなのだ。残念ながら、私たちが経験する感覚は、ほとんどの人の言葉を超えている。

▼ **エネルギー的な感覚は、私たちの身体が環境の中で経験していることに反応しているだけなのだ。**

言葉にできないほどの複雑さ

私たちが身体に感じるエネルギー的な感覚にラベルを貼る方法は、往々にして怠惰で限定的なものだ。

ブレネー・ブラウンは『Atlas of the Heart』の中で、感情の語彙に関する研究の1つを解き明かしている。参加者は、一週間を過ごす中で感じた感情にラベルをつけるよう求められた。その結果は彼女に衝撃を与えた。平均的な参加者は、その週に経験した感情としてたった3つ——幸せ、悲しみ、怒り——を特定することしかできなかった。もちろん、もっと多くの感情を経験しただろうが、それを特定しなかったか、ラベルを間違えたのだ。つまり、彼らは自分の身体で起こっていることに詳しく気づいていないか、感じていることを表現できていないのだ。

もし、自分が感じていることを察知できなかったり、正しくラベル付けできなかったりしたら、何が起こっているのかわかるはずがない。

これも言葉の限界かもしれない。愛をどう表現するか？　恐怖をどう表現するか？　愛とは、身体の中心から上へ、そして外へと向かって押し寄せる、自分の中のエネルギーの湧き上がるようなものだと表現できるかもしれない。それは妥当に聞こえる。しかし、それは恐怖や苛立ち、興奮を表現したものであるということもできる。

私たちはまた、1つの言葉でさまざまな感覚を表現する。私は妻を愛し、子供たちを愛し、セーリングを愛する。それぞれの愛に対して私が感じるエネルギー的な感覚は、愛やそれを実現する方法と同様に、まったく異なる。しかし、英語ではこれらすべてに1つの単語しか使わない。

これらのエネルギー的な感覚は、私たちの進化のごく初期に進化したものだ。私たちは言語を発達させる以前から、この感覚を使ってコミュニケーションをとっていたのだ。そのため、話し言葉とはまったく異なるコミュニケーション・システムなのだ。そのためか、話すのが難しいと感じる人もいる。

ラベリングについて

私が言っているエネルギー的な感覚は、しばしば感情や情動と呼ばれる。そう呼ばれることもあるが、ここではいくつかの理由から、これらの用語は使わないことにする。

第一に、ある感覚にラベルを貼ることは、複雑な世界をまるごと持ち込んでしまうということだ。理事会でプレゼンするときに感じるエネルギー的な感覚に、緊張というラベルを貼ってしまうと、自分のしていることに不必要なノイズが入り込んでしまい、何の役にも立たない。例えば、前回指導者会議で話したときに緊張したことを思い出すかもしれない。また、娘のために大きなクモを追い払わなければならなかったときのことを思い出し、緊張と恐怖を感じるかもしれない。そのあと、最後に就職の面接を受けたときのことを思い浮かべるかもしれない。

あなたはこれから理事会で話をするのだから、『緊張』という言葉からこれらのエピソードを思い出しても、何の役にも立たない。

第二の理由は、あなたが緊張とラベルを貼った感覚が、私が緊張とラベルを貼った感覚と同じかどうかを知る術がないからだ。私がスピーチをするために部屋の前に立ったとき、その感覚に私がつけられるラベルは興奮と楽しさであるのに対し、あなたは緊張とラベルを貼るかもしれない。

感情や情動という言葉を避ける最後の理由は、これらの用語がそれぞれ何を指すのか、決まった定義がないからである。ブラウンは『Atlas of the Heart』の中で、感情や情動には70以上の定義があると述べている。研究者たちが定義に合意できないのであれば、その用語から遠ざかる価値は十分にあると思う。

第1章のデイヴィッドとニコールのことを思い出してほしい。デイヴィッドがニコールと一緒にいたとき、彼はいくつかの感覚を経験しただろう。愛、欲望、性的欲求、興奮、恐怖、怯え、あるいは他の何かを感じていたとするのは、まったく自分勝手に話を作っていることになるだろう。彼はそんな言葉は何も感じていなかった。彼が感じていたのは、その時の自分の動機に合った言葉のラベルを貼った感覚だったのだ。

慣れ

今、この本を手のなかに感じられるだろうか？　おそらく。しかし、あなたが座っている椅子はどうだろうか？　この文を読む前に、あなたはその上に座っている自分のお尻の感覚に気づいていただろうか？　衣服の肌触りや、顔に吹きつけるエアコンの風はどうだろう？　私たちがこうした感覚を常に感じることができるもの（手に持っている本）もあれば、座席の上に乗ったお尻のように感覚を感じないものもある。

心理学では「慣れ」という言葉を使って、脳が身体から来る一定の感覚をフィルタリングするプロセスを説明する。

これは素晴らしい認知機能のように聞こえるし、実際そうなのだが、慣れが一般化し、身体が送ってくる他の感覚を無視し始めると問題になる。残念ながら、私たちはいつもこのようなことをしている。

私たちが遭遇するあらゆる感覚体験は、感覚として身体に登録される。大切な人を想ったり、何かを恐れたり、子供が何か洞察力のあることを言ったときに感じる誇らしさなど、大きな感覚体験を見出すのは簡単だ。私たちはそれを簡単に身体で感じ、それに対する自分の反応を特定することができる。しかし、より平凡な感覚との出会いの身体的な表れや、それに対する反応を見出すのは、それほど簡単なことではない。ランチに何を食べるべきか、セールスの電話をかけるべきかどうかを考えるとき、あなたはどんな感覚を経験するだろうか？　同僚がまたコーヒーをすするのを耳が感じたとき、あなたはどんな感覚を覚えるだろうか。それは、あなたが反応するような感覚をあなたの中に生み出すはずだ。その感覚を感じ取ることができなければ、自分がそれにどう反応するのかもわからない。

感覚の観察法

自分の身体で何が感じられるかを観察するために、とても簡単なボディスキャンがある。身体の各部位に意識を集中し、そこに何があるかを観察するのだ。まずは頭皮。何が感じられるか？　かゆみ、温度感、あるいは私のように坊主頭なら微風？　そして額。そこに何がある？　こめかみ、それから目、頬、あごのライン、口、耳、鼻、後頭部。それぞれの部分で何を感じるだろうか？

続けて、身体のすべての部位から、感じ取れるものに気づく。何も感じられなくても、それはそれでよい。おそらく、少し時間をかけてそこに集中すれば、何かが浮かび上がってくるのに気づくだろう。マインドが鋭ければ鋭いほど、より多くのことに気づくだろう。無理に感じようとせず、ただそこにあるもの、ないものを観察する。

このスキャンを毎日繰り返し、身体の小さな部分に集中することで、頭の冴えを増すことができる。腕全体に集中するのではなく、上腕、肘、前腕、手首、手、指に集中してみよう。

最初は3～4分から始めるのがよいが、長ければ長いほどよい。10分から始められるなら、それは素晴らしいことだ。

そうすることで、集中力も高まる。そう、このスキャンの間、あなたのマインドはさまようだろう。ただ注意を戻して続けてほしい。自分のマインドがさまよっていると気づくとき、あなたはまさにあなたの思考に立ち会っている、つまり自分の思考が何をしているかに気づいているのであり、これはとても良いことである。

このスキャンを定期的に練習すると、環境に反応して身体に現れる感覚により敏感になれる。つまり、渇望や嫌悪を生み出すことなく、それらに注意を向け、不活性化させることができるようになるのだ。

何に目を向けるべきか

観察する感覚に正しいも正しくないもない。あるタイプの感覚が、他のどの感覚よりも優れているとか劣っているとかいうことはないのだ。どのようなことに注意を払うべきかについては、このリストを参考にしてほしい。

皮膚感覚

——温度

——手触り

——ピリピリ

——かゆみ

——痙攣

筋肉の感覚

——ひきつり

——痙攣

——疲労

——回復

外部からの刺激

——足に靴
——肌に衣服
——手足をもたせかける
——シートにお尻を乗せる
——この本を手に持つ
——肌に風が当たる

痛みと苦痛

——背中の痛み
——首の痛み
——頭痛
——関節の痛み

消化器系

——消化不良
——逆流・胸やけ

――空腹感
――お腹の中のガス

このリストはすべてを網羅しているわけではない。このボディスキャンを毎日実践してほしい。ほんの数分で、自分の身体で何が起きているのかをより深く認識できるようになるだろう。

何より、このスキャンは会議中でもできる。もしあなたがチームと会話をしているのなら、会議で起きていること、そして自分の身体に起きていることに注意を払うのだ。注意を払うというこの単純な行為が、頭の中の声を静めてくれる。会議が困難なものであったり、引き金になっている場合は、あらゆる感覚に注意を向けることで、それらを不活性化させることができる。

SBFLの働きを観察する

このスキャンを使えば、ＳＢＦＬがどのように作動するかをリアルタイムで観察することができる。単純に、このエクササイズに長めの時間枠を設ければいいだけのことだ。

このエクササイズに15分以上の時間を割く。目を閉じて静かに座り、ボディスキャンを行う。15分間、筋肉を動かさないでほしい。多くの人がそうであるように、数分もしないうちに身体が落ち着かなくなり、動きたくなるものだ。じっとしているのが嫌なのだ。でも、強くこらえて。せっかく15分という時間を確保したのだから、それを守って身体の反応を見てみよう。

あなたの身体は、なぜ動くことをやめなければならないのか、あらゆる種類の考えをあなたのマインドに思いつかせるだろう。まず、目を開けて、部屋の中で何が起きているのかを見ようとする。そして、あなたがじっと座っているのをやめるように、その瞬間に取り組むべき重要な事柄の記憶を呼び起こし始める。これがうまくいかないと、あなたの身体はなぜ動く必要があるのか、いろいろな言い訳を投げかけてくる。それは、身体に痛みや疼きを生じさせるものから、今すぐ対処しなければならない緊急事態をでっち上げるものまで、さまざまだ。これは、身体がじっとしていることを嫌うことにほかならない。

この動かないで身体を感じるエクササイズを15分間行うことなど、考えたくもないことかもしれない。あるいは、したくても忙しいスケジュールの中で時間が取れないのかもしれない。これこそ、身体の嫌悪感が働いているのだ。

欲求も同じだ。チョコレートのような身体が欲するものを我慢しようとすると、身体は常に「なぜ食べなければならないのか」という理由を考え出すようマインドに指示する。これは負け戦であり、強力な習慣でさえも最終的にはこれに対抗できなくなる。

これで得られるもの

身体の中のエネルギー的な感覚を察知できるようになればなるほど、感覚と身体のフィードバック・ループの果てに体験していることへの反応が少なくなる。そうすることで、マインドセットが強化される。

後で述べるように、頭の中の声を活性化させるのは感覚なのだ。もしその声が何かをするなと言っているのなら、身体がそのエネルギー的な感覚に対して嫌悪感を抱いているからだ。もし「何かを続けろ」と言うのであれば、身体はその感覚を渇望しており、もっとその感覚を得たいと思っているのだ。マインドセットを制御するのが難しいのは、マインドセットが絶えず渇望から嫌悪へとジャンプしているからだ。これが私たちの気をそらしてしまうのだ。

これらの感覚を特定できたら、それを観察し、「6つの禁止事項」を適用するだけで、その感覚を不活性化し始めることができる。

もっと言えば、何が頭の中の声を動かしているのかがわかるようになる。次の章で説明するように、その声は自分が感じたエネルギーに反応しているだけなのだ。そして、そのエネルギーが好きか嫌いかを判断し、それに応じてあなたに伝えているのだ。

3 あなたの頭の中の声

メリッサは不況に見舞われるまでは、かなり仕事ができていた。年間予算が80万ドル弱のシニアMRとして、彼女は通常、毎月の目標にかなり近づいていた。確かにここ数カ月、彼女は目標を達成できなかったが、それは業界全体の他の人たちも同じだった。業界が低迷すれば、できることはあまりない。

今月と四半期は、厳しいものになりそうだった……またしても。このことから、メリッサは自分が空虚な借り物の時間を生きているような気がしてならなかった。景気後退、見通しの悪さ、そして慰労休暇が近づいていることを考え合わせ、彼女は悪いことがきっと起きると**予感**していた。何も言われることはなかったが、オフィスにいるとき、彼女はそれを感じ取ることができた。彼女は自分には第六感があるのだと思っている。彼女は長年にわたって、他の人が解雇されることを予言してきたし、たいていは当たっていた。彼女は別の仕事を探すべきかどうか悩み始めていた。

電話が鳴ったのは、田舎道の長いドライブの帰り道だった。ふと見るとリチャードからだった。CEOから電話がかかってくることは今まで一度もなかった。彼女のトップへの連絡手段はナショナル・セールス・マネージャーを通してだった。彼女はショナ（アジア太平洋セールス担当GM）からメッセージを受け取っていた。

なぜリチャードが電話してくるのだろう？　金曜日の午後にこんな電話がかかってくるなんて、いいことのはずがない。

一瞬のうちに、彼女はCEOが自分に電話をかける理由を1ダースも思いついた。先月も出費が遅れていたが、最新の予測も出さなくてはいけなかった。**週末もずっと働くために給料をもらってるんじゃない！**

先月のレポートでは少し消極的すぎたかもしれない。しまった。

先月の売り上げも良くなかった。

彼女がBHPとの取引を失ったことはどうしようもなかった。しかし、それは彼女の責任ではない。ネットワーク全体で価格を高く保つという会社の決定だった。彼はそれを私に押し付けることはできない。**彼がそれを持ち出すなら、彼に分からせてやる。スケープゴートにされるのはうんざりだ。私が当事者でもない会社の決定で、私がバスの下に放り込まれるなんてありえない！　これはフェアでない。**

彼女は電話に出ようと指を動かし、対決の準備を整えた。ボタンを押した瞬間、彼女の心は沈んだ。

「こんにちは、リチャード」

彼女は血圧が上がっているのを感じながら、できるだけ自信たっぷりに言った。

「ハイ、メリッサ」と、気まずい挨拶の前に返事が返ってきた。

「どうされました？」メリッサは思い切って言った。

「まだ聞いていないだろうけど、ショナが辞めたんだ。予想外のことだ。後任が見つかるまで、ジョアンが彼女の役割を代行する。君にはナショナル・セールス・マネジャーにステップアップしてもらいたい。州をまたぐ出張が少し増えるが、その分給与が上がる。新年には両方の職務を募集するので、ぜひご応募してほしい。ここ数年、あなたは素晴らしいチームプレーヤーだ。君の活躍にはとても満足している。その調子で頑張って欲しい」

さらに世間話をした後、リチャードは電話を切り、メリッサはハイウェイを飛ばした。メリッサは、自分が常にチームプレーヤーであり、会社にとって大切な女性人材であり、大局に貢献するためならチームのために仕事を引き受けることも厭わない人間であったことをとても嬉しく思っていた。そして今、彼女は自分の実績を示す機会を得たのだ。

リチャードもみんなが言っているほど悪い人ではなかった。会社のほとんどの人は彼のことをあまり好きではなかったが、少なくとも彼女は彼の苦しい立場を理解していた。彼にはすべき仕事があり、そのせいで、時に人の気持ちを害することもしなくてはならないのだ。

我々を脱線させようとする、あのクズ野郎

メリッサのように、私たちは皆、頭の中で声を出している。常におしゃべりしていたり、叫んでいたりする声が聞こえてくる。もしかしたら、今この文を読んでいる最中も聞こえて

いるかもしれない。

最後のページを読もうとしているときに、その声があなたに話しかけてきたことを覚えているかもしれない。つまり、ページの一番下まで読んでも、昨日起きたこと、明日起きること、YouTubeで見た面白いことなど、その声を聞くので精一杯で、何を読んだのか一言も思い出せないのだ。

おかしなことに、あなたはその場にいて、そのすべてを経験したのだが、声はまだそのことをあなたに伝えなければならないと思っている。

それとも、あなたは「自分の頭の中に声なんてない、そんなことを言うなんてどうかしている」とでも思っているだろうか？

そう、私が言っているのはその声のことだ。

この声の専門的な名称は、デフォルト・モード・ネットワークである。これは、マインドが自分自身を表現するさまざまな方法のひとつにすぎない。ＳＢＦＬを通じて体験できる視覚化、感情、味覚、その他の感覚入力が、マインドによって生み出されることもある。このような生成された感覚体験を総称して、私たちは思考と呼んでいる。デフォルト・モード・

ネットワークは一連の思考にすぎない。そのため、頭の中の声は他のどのタイプの思考よりも「重要」でも「権威」でもない。ただ、私たちのほとんどが、他の思考よりもそれに気づく習慣があるだけなのだ。

マインドの力を利用することができれば、マインドは私たちが望むことを達成するために行動し、すべての思考を向ける。マインドが私たちのコントロール下にあれば、私たちにできないことは何もない。

しかし、その声をコントロールしなければ、その力を利用することができない。そうなると、私たちはその声を自分のマインドとしてではなく、目標を達成しようとするたびに私たちを脱線させようとする完全なクズとして見るようになる。もしメリッサが自分の声に耳を傾けていたら、電話を取らなかったかもしれないし、リチャードと向き合おうとしなかったかもしれない。

マインドと、マインドが思考を生み出す仕組みと理由を理解することで、マインドセット・マスタリーは加速する。このことを理解しなければ、私たちは行き詰まったまま、自分のマインドと戦い、なぜ集中できず、望む成功や平安を手に入れられないのだろうと考える。

▼頭の中の声は、他のどのタイプの思考よりも「重要」でも「権威」でもない。ただ、私たちのほとんどが、他の思考よりもそれに気づく習慣があるだけなのだ。

その声はあなたではない

メリッサの頭の中の声がどのように飛び交っていたかを見てみると、メリッサが聞きたいと声が考えたことを言っていただけだったことに気づくだろう。ある時は、彼女が関与していないことについての弁明を準備し、次の瞬間には、リチャードは素晴らしい男であり、彼女はチームプレーヤーであることに満足していると彼女を安心させていた。おそらくあなたも、自分の声に気づいたことがあるだろう。声はしばしば、私たちがやりたくないことをやらせようとする。

夕食後、愛する人とソファーに座り、何の気なしにテレビを見ている。美味しい食事の後、皿洗いを済ませ、番組を楽しんでいる。他に何もいらない。

あなたが見ている番組であるシーンが展開される。主人公がキッチンに行き、アイスクリームを取ってきて食べ始める。その瞬間、あなたはこう思う。**うーん、アイスクリーム食べようかな。**

その瞬間まで、アイスクリームはあなたの頭から離れたところにあった。しかし、それを見た今、あなたの頭の中の声が、アイスクリームを食べるべきかどうか、「あなた」と会話を始める。それは次のようなものだ。

声　アイスクリームが食べたい。

あなた　やせたいんだ。

声　ああ、でも今週は大変だったんだ。ご褒美をあげるべきだよ。

あなた　今朝ジムに行った後じゃない。

声　アイスクリームが食べたい。アイスクリームが食べたい。アイスクリームが食べたい。アイスクリームが食べたい。アイスクリームが食べたい。

あなた　ダメ、静かにしてくれ。

これが20分ほど続き、その結末はみんな知っている。立ち上がってアイスクリームを取る。そして、筋金入りだからミロをかける。ソファに戻って楽しむ。食べ終わったらボウルを置く。10秒後、声が再び始まる。

声　なぜアイスクリームを食べたの？　やせたいんだろう？　もうだめだ。このデブ、絶対痩せないよ。自制心がないんだから。明日はジムでダブルセッションだ。仕事でも昇進できないわけだ。自分の約束も守れないくせに、誰が昇進させたがるっていうんだ！　ついでに、もうひとつ知っておいてほしいことがある……。

そして、その声はそれから1時間にわたって、声自身があなたに望んだことであなたを責める。

頭の中のその声はあなたではない。あなたがそれを聞いているのだ。それはただ、方向づけのないマインドの表現であり、そのマインドが望んでいるもの、つまり解決すべき問題なのだ。問題を解決したいという欲求は、思考として表現される。すべての思考がそうであるように、それはSBFLを活性化させ、身体に感覚を発生させる。そして、あなたはその感覚に反応するのか、それともただその感覚を体験するのかを選択することができる。

▼頭の中のその声はあなたではない。しかし、それを聞いているのはあなただ。

もしあなたが渇望か嫌悪のどちらかに反応すれば、SBFLは続き、声は大きくなり、あなたが反応すべき感覚をどんどん生み出す。しかし、もし反応しなければ、SBFLは思考との関係において停止し、感覚は不活性化される。

問題解決者

マインドは驚くべき問題解決ツールである。私たちの祖先がサーベルタイガーを避けるのを助けることから、シドニーからロンドンまでノンストップで飛行機を飛ばす技術、あるいは数独を解く手助けに至るまで、マインドはただ問題を解決したいだけなのだ。

適切な使い方をすれば、マインドはあらゆる情報源から驚くほど多くの情報にアクセスし、総合する能力を持つ。そして、その統合された情報を目の前の状況に適用し、可能性のある解決策を洞察する。一度聞けば当たり前のように思えるが、聞く前は誰も到達できなかった洞察の閃きを、私たちに与えてくれるのだ。

残念なことに、常に欲求や嫌悪に反応していると、マインドはそれらを解決すべき問題としてとらえ、ＳＢＦＬにとらわれてしまう。これが欲求や嫌悪の強さを増幅させ、ループを継続させる。

思考はただ起こるもの

私たちの思考をよく見てみると、私たちが経験する思考は何もしていないことがわかる。２０１４年に出版された著書『真実対虚偽』（Truth vs Falsehood）の中で、デイヴィッド・ホーキンスは、思考が意識そのものと私たちの自意識との間のどこかで、原初的なスープから生じていることを明らかにしている。意識的に指示されない限り、思考は継続的なランダムなプロセスで発生し、時には前後の思考とはまったく無関係に発生する。会話の途中で、まったく思いつきもしない質問を投げかけてきて、こちらが理解できるだろうと当然のように期待してくる人がいる。あなたと話しているときに遭遇した他のすべての思考と同じように、その思考が彼の頭に浮かんで、それを共有したのだ。

思考を放ったらかしにしていても、それを観察することで得られるものは何もない。思考はただ頭の中に浮かんできて、一定期間存在し、また消えていく。

マインドは自分自身を理性的な行為者だと信じている。自分の思考は論理に基づいており、同じ状況を経験する誰にとっても完全に理にかなっていると信じているのだ。このような信念は、「常識はそれほど一般的なものではない」という言葉で愚痴をこぼすときによく表現される。彼らが本当に言いたいのは、『なぜ私と同じように世界を見ないのか』ということだ。

感覚から生まれる思考

身体が渇望や嫌悪で反応するとき、マインドはその感覚が「何を意味するのか」という思考を生み出す。どう反応すれば身体がその感覚をより多く、あるいはより少なく感じることができるかを知りたがっているのだ。自分は論理的で理性的だと思い込んでいるマインドは、何が感覚と身体のフィードバック・ループを引き起こしたのかを特定するために環境をスキャンし、それが感覚を引き起こしたと誤って思い込む。

その感覚を引き起こしたと思われるものを特定すると、マインドはそれを解決する方法について思考を活性化させる。これらの思考のいくつかは、声という形で現れる。この声を出すと、しばしば不平屋というレッテルを貼られる。誰もが経験したことがあるだろう！

愚痴をこぼす人は、感覚を引き寄せている、あるいは自分では引き寄せていないと思っている感覚的なものを引き寄せる。そして、世界を調整しようとする。つまり、その感覚を他人のせいにし（「あなたは私を怒らせた」）、その感覚を止めるために相手に行動を起こしてもらい（「謝ってほしい」）、そうすることで感覚が鈍くなると考える。

その感覚が環境ではなく、フィードバック・ループの末端にある身体の内部から生じていることを、身体はほとんど「知らない」のだ。身体は欲求や嫌悪に反応する強い習慣を身につけているため、別の方法があることに気づかないのだ。つまり、身体は嫌なことがあったときに、自分自身の外部にある出来事のせいにすることでしか対処できないのだ。

ＳＢＦＬは、私たちが周囲の世界を処理する方法の中心であるため、そのループに陥っていることに気づかないことが多い。私たちは、頭の中の声を「私たち」だと信じ込み（「ずっと考えていた……」）、その声が言っていることに対して渇望か嫌悪のどちらかで反応する必要があると考えるようになる（「私の思考は、私が……すべきであると言っている」）。このサイクルを止めるには、声は（視覚、聴覚、味覚などと同じように）ＳＢＦＬの最上部にある感覚入力のひとつにすぎないと知り、それが生み出す感覚に反応しないようにすることだ。

声に支配されているときの見極め

あなたが声の支配下にあることを見抜く方法はいくつかある。

まず手始めに、集中しているか、あるいは自分の身体の感覚にどう反応するかを理解するためにかなりの努力をしていない限り、一日の大半をその感覚に支配されて過ごしていることに気づくことだ。この支配は社会生活の99・9％に近い。ＳＢＦＬを意識しない限り、思考が生み出す感覚に反応することになる。
意識的に声の支配を認識することに加えて、声に支配されていることを示す兆候は他にもある。

私は正しい、あなたは間違っている

解決すべき渇望や嫌悪の問題以上にマインドが愛するもののひとつは、自分の意見が正しく、他人は間違っているという信念である。結局のところ、常に自分が正しいと感じること以上の渇望があるだろうか？

マインドにとって、間違っていると思うことは、身体が嫌悪感を抱く感覚を生み出す。自発的にそうすることは稀である。これは、人が、反対の証拠があるにもかかわらず、自分は正しく、他人は間違っているという考えを強く持つことができる理由の一部である。単に、間違っているという感覚を嫌うだけなのだ。正しいことは気持ちのいいことであり、身体はそれを渇望する。

これが、渇望や嫌悪が蓄積するのを許し、それに対する依存を深めると起きることだ。

▼マインドにとって、自分が間違っているという思いは、身体が嫌悪感を抱くような感覚を生み出す。

タイムトラベル

マインドはタイムトラベルが大好きだ。常に過去を追体験するか、夢のような未来を空想したり、破局的な未来を想像したりしている。勝利や利益は増幅され、望ましい経験はさらに望ましいものとして記憶される。また、過去の出来事で損失があった場合は、起こったと思うことを修正できるまで、精神的に何度も何度もその状況を再現する。このように歴史を書き換えた結果、勝つこともあれば、成功する能力を邪魔した他人のなすがままに不運な犠牲者になることもある。いずれにせよ、マインドが勝つのだ。

記憶に対処するプロセスの一環として、好ましくない感覚がよみがえることがよくある。これは無意識を意識化することで、無意識が人生を左右しないようにするためだ。このようにして望ましくない感覚を追体験して、その感覚に反応しなければ、望ましくない体験に関連する記憶に対処することができる。

切望する感覚を追い求めるマインドは、しばしば未来に旅立ち、人生をどう展開させたいかを事前に思い描く。自分がどのように状況を処理するか、自分の言動に対して他人がどのように反応するか、そして他人が自分の言っていることが最初から正しかったと理解し、同意してくれるかを空想するのだ。そうすることで、それが正しくなり、望ましい感覚が生まれる。

物事がどのようにうまくいかなくなるかを事前に体験するために未来へ旅することさえ、自分自身の正しさを証明するための訓練なのだ。そうすることで、自分自身が正しいと証明することができるのだ。

タイムトラベルという行為を通じて、マインドは渇望や嫌悪の問題を解決することができる。退屈なら、過去や未来を空想し、経験したい感覚を生み出すことができる。

独り言

自分が何をすべきかを考えるとき、どちらの側からも同じ声が聞こえてくることに気づいたことはないだろうか。アイスクリームを食べるべきかどうか議論している場合、上の会話はより正確にこう表現される。

声　アイスクリームが食べたい。
声　やせたいんだ。
声　ああ、でも今週は大変だった。ご褒美をあげるべきだよ。
声　ああ、でもそうしたら、今日のジムでの努力が水の泡になる。何もできないよ。
声　アイスクリームが食べたい。アイスクリームが食べたい。アイスクリームが食べたい。アイスクリームが食べたい。
声　ダメ、静かにしてくれ。

どちらの陣営も同じ声で、公平であるかのように装っている。公平などではない。議論のどちらの側が『あなた』なのか、区別がない。あなたが最初の『発言者』なのか、2番目の『発言者』なのか。『あなた』がどちらかの側に割り振られるというルールはあるのか？ 自分がどちらか一方に属しているかという認識は、頭の中の声が自分だという考えをどれだけ信じているかの反映にすぎない。マインドは、身体が経験したいと思う感覚を生み出すきっかけを作るために、声を利用しているだけなのだ。

もしマインドがあなたに指示されていなければ、身体が欲している感覚を生み出す思考を生み出そうとするだろう。

▼ **自分がどちらか一方に属しているという認識は、頭の中の声が自分だという考えをどれだけ信じているかの反映にすぎない。**

不要な思考を停止させる方法

不要な思考が身体の中で生み出すエネルギー的な感覚を判断せずに観察することで、不要な思考を不活性化することができる。「6つの禁止事項」を適用し、身体の感覚に集中する。もしマインドがその感覚について物語を生み出しているのなら、そのままにして、感覚だけに集中する。感覚と身体のフィードバック・ループを止めなければならない。感覚に集中すれば、感覚は自ら停止する。これが無常の法則だ。これが、障害が道であることを受け入れる方法だ。これが無意識を意識化する方法だ。そうすることで、マインドセットをマスターすることができる。

感覚にとらわれると、それに対する渇望や嫌悪が生まれる。するとマインドは、その欲求や嫌悪を満たすために、さらに思考を生み出すことになる。これらの思考は、あなたが対処しなければならない物語となる。それが次の章の内容だ。

4 すべては物語

キャンベラからシドニーまでのフライトは通常75分しかかからないが、この日は普通のフライトではなかった。この旅は2度目の試みだった。一回目は離陸後30分でフライトは中止されざるを得なかった。飛行ルート沿いの暴風雨がひどく、シドニーの空港はすべて閉鎖され、着陸する場所がなかったのだ。戻るしかなかった。

午後9時半に出発した私たちの小さな飛行機は、再び雲間を飛んでいた。稲妻が夜空を照らしたのも束の間、再び暗闇が襲ってきた。パイロットが計器を調べている間、稲妻が次から次へとコックピットを照らした。飛行機は絶えず揺れ、私のような慣れた旅行者でも神経質になるほどだった。

多くの人が小型機でのフライトを好まない。おそらく、機内サービスやトイレがないこと、あるいは民間航空会社の飛行機には何度も乗っているから安全だと思い込んでいるからだろう。あるいは、パイロットが何をしているのか、あるいはしばしば何をしていないのかが見えるからかもしれない。パイロットは常に操縦桿を握っているわけではない。窓の外を見ることもほとんどない。

私は薄暗い機内からパイロットを見た。彼が平静でいるのがわかった。彼は外の乱気流を気にすることなく、落ち着いて自分の仕事をしていた。彼は計器から目を離さず、時折窓の外の稲妻に目をやり、それからパネルに目を戻した。彼は落ち着いていて、冷静で、快適そうに見えた。ただ、操縦桿をそっと握って機体の感触を確かめながら、夜が過ぎていくのを眺めていた。

私はパイロットがすべてをコントロールしていることに気づいた。隣に座っていたとはいえ、私にできることはあまりなかった。パイロットではないし――8歳の子どもパイロットなんてそうそういないけど――私は丸くなって寝ることにした。父は世界最高のパイロットだったからだ。

その1時間後、飛行機がシドニーのバンクスタウン空港に着陸すると、私は起こされた。私たちは家に帰り、私はベッドに入った。私にとっては、パパと一緒に飛行機に乗っただだの一日だった。パパが日曜日に出張をすることになり、私も一緒に行くことができて本当に嬉しかった。楽しかったし、稲妻を見て興奮した。

それから20年後、私は父とその時のフライトについて話していた。どんなに揺れたかを話し、どんなに興奮したかを話した。彼は私が覚えていることに驚き、私も彼が覚えていることに驚いた。「もちろん覚えているよ。35年の操縦士人生で一番恐ろしい夜間飛行だったよ！」

世界はロールシャッハの墨痕

1918年、スイスの精神分析学者ヘルマン・ロールシャッハは、患者の性格を理解するためのユニークなテストを開発した。入念にデザインされ印刷された一連のインクのしみを患者に見せ、そこに何が見えるかを尋ねた。ロールシャッハは、患者が何を見たかで、その人の心の中がわかるという仮説を立てた。その結果、統合失調症やその他の精神障害の診断に利用できるようになった。

診断ツールとしての有用性は完全に否定されているが、ロールシャッハが開発したのは最初の投影テストのひとつである。投影テストでは、参加者は自分の心の中にあるものを目の前の中立的な刺激に投影する。そして、心の中にあるものを使って絵を説明する。

ロールシャッハテストの威力は、画像に固有の意味がないことだ。画像には何かを示唆するものは何もない。つまり、誰もが同じ中立的な刺激を見て、異なる物語を思いつくのである。患者間でどのような物語の違いがあっても、それは患者の思考の中にあるもののはずだ。

私たちが見ている世界も同じだ。私たちが見ているものには本質的な意味はない。明るい晴れの日が良い日とは限らない。雨が必要な農民にとっては最悪だ。結婚式を挙げる花嫁にとっては完璧な日だ。

キャンベラから戻る飛行機の中で、父と私はこの状況に異なる意味を投影した。私はパパの仕事場でのエキサイティングな一日の意味を心に投影した。父は危険やうまくいかない可能性を心に投影した。

私たちは意味を投影する

私たちが投影する意味は、私たちの中にあるプログラムに基づくものでしかない。結局のところ、持っていないものを心に投影することはできない。私たちはこうした投影を「物語」と呼び、それを真実だと信じている。

私たちが自分自身に語る物語は、私たちが経験するエネルギー的な感覚にどう反応するかによって決まる。もし私たちがその感覚を渇望していれば、再びその感覚を体験できるような物語を自分に語るだろう。もしその感覚に嫌悪感があれば、なぜその状況を今後避けるべきなのかという物語を自分に語る。

しかし、もし二人の人間が同じ状況を見て異なる物語を思いつくとしたら、誰の投影が最も正確な意味を持っているのだろうか？　私の物語は、あなたの物語に寄せて割り引かれるべきなのだろうか？　もしそうなら、どのような基準で評価すべきだろうか？　二人の人間が物語に合意した後、第三者が現れ、自分自身の物語を持つようになったらどうなるのか？

遅れてパーティーに参加したのだから遅れた人のほうが今までの議論を変更するのか、それとも議論を再開すべきなのか?

おそらく、ある状況において何人かの人がそれぞれ自分自身の物語を見ることができるのであれば、導き出される唯一の妥当な結論は、インクのしみのように、その状況には本質的な意味はないということだ。あなたが世界で見ている物語は、単にあなたの中にある渇望や嫌悪の投影にすぎない。

別の言い方をすれば、すべて作り話だ。

何かを良いと言うとき、それは作り話だ。何かを悪いと言うなら、それも作り話だ。

▼ あなたが世界で目にしているどんな物語も、あなたの中にある渇望や嫌悪の投影にすぎない。

大きな売上を逃した例を考えてみよう。あなたは、その売上で向こう半年間の月間予算の50%を賄うことができたので、その売上を獲得したかった。ただセールスを逃したことが悪いことだと自分に言い聞かせるのは、競合他社や、競合他社を選んだ顧客ではなく、あなた自身に対してのみ当てはまることだ。

あなたがセールスを獲得できなかったという事実は客観的には真実だが、あなたがその周囲に作り出す物語はそうではない。もしあなたが、**私は十分な能力がない**とか、**私を選ばなかった顧客は愚か**だとか、**新しいビジネスを獲得するために必要なサポートを与えてくれないから経営陣に妨害されている**、といった物語を背負うなら、このような物語に基づいて下される決断は悪い結果にしかならない。このような話は、あなたがでっち上げたこと以外に根拠がないのだ。

作り話の価値

たとえ私たちが自分自身に語る物語がすべて作り話であったとしても、それでもなお、物語には目的がある。神経科学者のアミッシュ・ジャーは、著書『Peak Mind』の中で、物語がもたらす無数の利点のひとつは、私たちを自分のアイデアを試す場所に連れて行ってくれることだと説明している。参加する会議のリハーサルをしたり、会話を試したり、参加するイベントを事前に体験することで、何が起こりうるかを知ることができる。個人的な世界では、これは人間関係を管理し、社会的に受け入れられるように行動するために不可欠なことだ。会社の世界では、誰の時間も無駄にしないために役立つ。せっかくクライアントに売り込むチャンスを得たのに、リハーサルもせずに売り込むようなことは避けたいものだ！

問題なのは、私たちが、自分の作り上げた物語に合うように人生が展開することを切望するようになることだ。私たちは、ある結果が起こるべきだと考え、それが起こると信じてしまう罠に陥る。そうでないと、私たちは動揺する。あるプロジェクトの資金援助を理事会に要請しようと計画して、理事会がノーと言えば、私たちは腹を立てる。しかし、腹を立てるというのは、理事会が資金を出してくれるという作り話を渇望していることが前提となっている。つまり、理事会が下した決定が、私たちが作り上げた物語の中で起こってほしかったことと一致しなかったために、私たちは腹を立てるのだ。

理論的には素晴らしいことだが、生計を立てなければならない

これを読んでの明らかな疑問は、『結果に執着できないなら、どうやって何かを成し遂げられるのか』ということだ。

それはもっともな質問だ。コミットメントとノンアタッチメント（無執着）の違いを理解することを学ばなければならない。

コミットメントとノンアタッチメント

コミットメントとノンアタッチメントについては、自分が何をするかという観点で考える方が、自分がどう反応するかという観点で考えるよりも簡単なことがある。

コミットメントとは、自分が望む結果を得るためにできること、すべきことをする、ということである。顧客を獲得しようとする場合、その顧客のニーズを調査し、売り文句を工夫し、自分が行くときにベストを尽くす。自分が何をし、どのようにそれを行い、それがどのように顧客の目標達成に貢献するかに関心がある。

ノンアタッチメンーとは、顧客が決断を下すと、感覚と身体のフィードバック・ループが

活性化され、私がある感覚を経験することを知ることである。その感覚が立ち上がり、消え去るまでの一定期間、その感覚について物語という形でさらなる思考を生み出すことなく、その感覚を見守ることである。

マインドセット・マスタリーとは、努力しないことでも、仕事をしないことでも、日常生活で求められることを何もしないことでもない。それは、別の結果に対する嫌悪感よりも、ある結果を切望しないことである。目標を設定し、それに向かって努力する。もしうまくいったら、それは素晴らしいことだ！　感覚を感じ、それが消える前に経験する。ただ、穏やかな平和とマインドの平穏を奪われないように。もしその感覚が、幸せや喜びを表現したいと思わせるのであれば、あなたが適切と思う方法で表現すればいい。ただ、それについて物語を作って反応しないこと。そして、平穏と幸福の位置（ポジション）から、命令を遂行し始めるのだ。

でも、もしうまくいかなくても、それでもいい。その感覚が生じたり消えたりするのを感じながら、平静、平和、マインドの平穏を奪わないようにするのだ。イライラや腹立たしさを感じるのであれば、それを感じ、自分の思うように表現すればいい。ただ、それをネタにして反応してはいけない。そして、次の潜在顧客を選び、平穏と平静の位置（ポジション）から、その顧客の獲得に取りかかろう。

素晴らしいぞ、ダレン！　だが、その態度はでかい取引を逃したら通用しないぞ、という声が聞こえてきそうだ！

おそらくね。

しかし、その反応以外に何を期待しているのか？　ベストを尽くし、すべてを〝正しく〟行ったのに、取引がうまくいかなかったとしたら、身体の感覚に反応することで何が得られるというのだろう？　起こったことについて物語を作ることで、マインドの平穏と平静を失っても、次に生かせるような教訓を学ぶ助けにはならない。また、次のクライアントを獲得する助けにもならない。

無執着（ノンアタッチメント）とは無関心を意味するのではない。それは、自分の身に起こることに、自分の習得した考え方を奪われないということだ。

すべてがうまくいっているときにマインドセット・マスタリーを持つのは簡単だ。物事が思い通りに進まないときに、平静さと幸福感を維持する能力こそが、真の達人の技なのだ。

感覚と物語

第3章で概説したように、マインドは自らを論理的な立場で行動する理性的な行為者であると信じている。身体が感覚を経験すると、マインドはその感覚の原因を環境の中に特定するために反応し、渇望や嫌悪に反応する。

マインドにとって、状況を解決するために何をすべきかを特定するのは簡単だ。その状況はその人ではなく別の人に起こるべきであり、特定の出来事はその人が決めたとおりに起こるべきであり、環境の他の部分はその人を動揺させないように作用するべきなのだ。これが、私たちが知っている不平屋だ。しかし、根っからの不平屋でなくても、このような罪を犯すことはある。もしあなたが、世の中の何かを変えたいと思ったことがあるのなら、それはあなたが泣き言を言っているのと同じことだ。

その欲求や嫌悪を解決するために、世界がどうあるべきかの物語はいくつも形作れる。

▼身体が感覚を経験すると、マインドはその感覚の原因を環境から特定しようと反応し、渇望や嫌悪に反応する。

不平屋が使う物語

身体は、欲求や嫌悪をどのように解決するかという二元的な反応を習慣化している。そのため、感覚を解決するために宇宙がどのように変化すべきかをアドバイスするために、さまざまな物語が展開される。もし私たちが愚痴をこぼしているとしたら、おそらくこれらのストーリーラインを使っているのだろう。

デイヴィッド・ホーキンス博士は２０１４年の著書『真実対虚偽』の中で、環境が変わることを望む状況において、マインドが自らを導くために使うストーリーラインを簡単にいくつかリストに挙げている。残念ながら、ホーキンスはそのリストについて詳しく述べていない。以下はその点と、不平屋がフル回転しているときにこれらのストーリーラインがどのように展開するかについての私の見解である。

1 **現象は正しいか間違っているか、正義か不正義か、善か悪か、公平か不公平かのどちらかである。**欲求や嫌悪をより早く解決するために、マインドは二者択一に基づいて環境の一部について結論を出す。これらの結論は一般的で広範なものである。そのスピードは見事なもので、大騒ぎすることなく次の感覚の解決に移ることができる。ただ、残念ながら、この物語はしばしば結論を急いでしまう。

2 **「悪い人」は罰せられ、「良い人」は報われる。**私たちの感覚に対する反応は二者択一的であるため、マインドはこの枠組みを感覚の原因に適用し、何が善か悪かを決定する唯一の決定権者となる。自分の立場に反対するものは悪いものとして分類され、罰せられ、教訓を教えられる必要がある。それに同意する者は、そうすることで報われるべきである。この物語が対応していないのは、善か悪かは、感覚と身体のフィードバック・ループの最後にある感覚に対する身体の反応に基づく結論に過ぎないということだ。

3 **物事は偶然起こるか、誰かのせいである。**感覚の原因が身体の外にあると信じているマインドは、自分が体験していることを自分が作り出しているとは考えない。したがって、ある感覚を体験しているのであれば、誰かがそれを引き起こしたか、偶然に起こったことに違いない。この構造の主な利点は、自分がどのように感じ、どのように反応するかについて、すべての責任を放棄できることである。

4

虚偽と真実を見分けることは可能だ。ある感覚に対する身体の反応を察知したとき、マインドは次のように考える。反応はその状況にとって「正しい」。そのため、その反応から生み出される思考も正しいと思い込む。このような作り話が「正しいと感じる」感覚を生み出すので、今度はそれが正しいと信じ込むのである。この「正しい」という感覚は、間違っていないという意味ではなく、むしろなじみがあるという意味である。身体はたまたまこれらの感覚に慣れ親しんでいて、それが正しいと思い込んでいるだけなのだ。慣れ親しんだ感覚を、正しいという絶対的な知識と混同しているのだ。マインドにも身体にも、何かが真実かどうかを確実に知る方法はない。だからこそ、私たちを騙すことができるチャラ男や詐欺師、政治家が常に存在するのだ。陰謀論に従う人たちが確信に満ちているのはそのためだ。

5

世界が自分の経験を引き起こし、決定する。マインドは、身体が経験することは世界が引き起こしていると考えている。このため、不平屋は世界が特定のあり方で存在することを望み、自分の方法が状況に反応する唯一の方法だと信じている。外界が中立であるという事実を受け入れるのは非常に難しい。もしこの事実を受け入れることができれば、自分が置かれている立場に責任を持ち、それを変えるための完全なコントロールができるということになる。これは変化を意味し、その変化により、嫌悪感を抱くなじみのない感覚が生じる可能性がある。

6

人生は不公平だ。罪のない者が苦しむ一方で、悪人は罰せられないのだから。この物語では、感覚を解決するためにマインドが正義の戦いを挑むことができる。繰り返しになるが、この物語は、苦しみや邪悪とされるものは単に渇望や嫌悪の結果に過ぎないという考えを見落としている。

7

人は今の自分から変わることができる。マインドは、他人が自分の身体の中で感覚を引き起こさないように、他人がどのように行動するかを指示する権利があると信じている。そうすることで、自分の身体が望むように感覚を、ひいては世界を経験することができる。「あなたがもっとこうで、ああでさえなければ、すべてがうまくいくのに……」というのは、多くの人間関係のカウンセリングでよく使われる言葉だ。彼らが本当に言っているのは、「あなたがもっとこうしてくれさえすれば、私はこの（情けない）感覚をもっと／もっと少なく経験できるのに」ということなのだ。

8 正しいことが重要であり、必要である。 これがすべての議論の根底にある。この物語は、特定の感覚が体験されないようにするためのものだ。もしマインドが一度でも間違っていると認めれば、他の状況でも同様に間違っている可能性があり、望ましくない感覚をより多く生み出すことになる。それを避けるために、マインドは議論に勝とうとすることで、望ましくない感覚を避ける方法を倍増させる。したがって、議論に勝つということは、勝つことそのものではなく、望ましくない感覚を避けることなのだ。

9 勝つことが重要であり、必要なのだ。 多くの場合、身体は二番手になることを嫌う。二番手であれば、誰かがそれを支配し、より望ましくない感覚を与える可能性があるからだ。これは会話や口論、人間関係の中で常に起こっていることだ。おそらくこれが、地球上のほとんどの文化に何らかのスポーツがある理由だろう。

10 **過ちは正されなければならない。**もし身体が目にしたものに反応して望ましくない感覚を経験した場合、身体はこの物語を用いて、起こったことは間違っており、その感覚を解決できるように正さなければならないと判断する。しかし、繰り返しになるが、何が「正しい」のか「間違っている」のかは、身体が経験した感覚に基づくものであり、それゆえ身体固有のものなのである。

11 **認識は現実を表す。**定義上、私たちが認識できるのは、感覚によって脳に送られたものだけである。これらの感覚はＳＢＦＬを活性化し、身体が反応する感覚を生み出す。そしてマインドは、これらの反応に基づいて、状況の現実について仮定し、さらに思考を生み出す。マインドは思考を生み出し、身体はそれに「同意」しているため、思考は「正しい」ものであり、これが現実を表していると考える。

よく見てみれば――そして正直に言ってみれば――、あなたは時として、こうしたストーリーラインから行動していることがわかるだろう。あなたがこれらの物語を信じるのは、それが「正しく」、「誤りがなく」、「真実」だと感じるからであり、なぜ他の人にはそう見えないのか不思議に思うのだ。それが真実だと思う唯一の理由は、身体からの感覚がそう伝えているからだ。そのせいで、自分ではなく他人が理不尽なのだと思い込んでしまうことさえある。

しかし、他の人たちもまた、自分が経験した感覚についてこのような物語を持っている。そして、理不尽なのはあなただという結論に達し、そこから口論が始まる。二人の人間が自分の視点に基づいた物語を使えば、議論は必ず始まる。言い争いを止めるには、身体の感覚に反応しないことだ。ただそれを経験し、発散させるのだ。

具体的に説明すると

あなたは会議室で2人の同僚と、あるプロジェクトをどのように軌道に乗せるべきか話し合っている。会議の途中でアンドリューが、何度も締め切りに間に合わず、プロジェクトの遅れの原因となっている人たち（**「悪い」人たちは罰せられるべきだ**）について、あまり感じのよくない説明をした。この発言は気にならないので、あなたは忘れてしまう。一方、ジェーンは言われたことに腹を立てている（**現象は正しいか間違っているか、正義か不正義か、善か悪か、公平か不公平かのどちらか**）。

会議の後、あなたはアンドリューが言ったことを忘れてしまうが、ジェーンにとっては、気分を害したことが、その日の残りの時間、そして一晩中、彼女のマインドに作用する（**世界が自分の経験を引き起こし、決定する**）。それは翌日も続く。彼女は何度も何度もアンドリューの言葉を再生し、アンドリューが本当は何を言いたかったのかを知っていることに"気づく"ようになる（**虚偽と真実を見分けることは可能である**）。アンドリューが、人を怒らせるようなことを言うからいけないのだ（**世界が自分の経験を引き起こし、決定する**）。それは正しくないし、対処する必要がある（**過ちは正されなければならない**）！

ジェーンは人事部に苦情を申し立てた。彼女は復讐したいわけではないが、アンドリューがあんなことを言って逃げ出すことは許されるべきではない。アンドリューは人事部に呼ばれ、なぜあんなことを言ったのかを説明させられる。アンドリューはジェーンがなぜ怒るのか理解できず、人事が大げさに言っていると考えている！ 営業部の人間はもっとひどいことを言っている。連中こそ調査を受けるべきだ（**人生は不公平だ。罪のない者が苦しむ一方で、悪人は罰せられないのだから**）！　ジェーンのこの騒ぎが何なのか理解できないし、なぜジェーンから謝罪を求められるのかも理解できない。これは行き過ぎたポリティカル・コレクトネスだ（**認識は現実を表す**）！

アンドリューを再教育するために何を実施すべきかを決めるために、人事は選択肢を検討する必要があった。人事部のケースマネージャーは、**人は今の自分から変わることができる**と考える人物だ。物事がどのように行われるべきかという方針とガイドラインの管理者として、彼はこの行動を確実に根絶することが自分の義務だと考えている。アンドリューは2日間の講習を受け、今後このようなことがないようにする（**現象は正しいか間違っているか、正義か不正義か、善か悪か、公平か不公平かのどちらか**）。

翌月曜日、アンドリューはオフィスに戻り、講習がどうだったか人事部に聞かれると、彼は自分が学んだことを熱心にリップサービスし、今後より良くなることを誓う。もちろん、彼は何も信じていない。なぜなら、**正しいことが必要かつ重要なこと**であり、彼が引き下がることはあり得ないからだ。しかし、人事部を自分の件から解放するために、彼は言わなければならないことを言うだろう。ここ数週間、彼は人事部の彼らと接するのが嫌になった。最近の経験を通して、彼は何が本当に起こっているのかがわかるようになった。彼は今、

虚偽と真実を見分けることができる。

もちろん、ジェーンにはジェーンなりのバージョンがある。人事部もそうだ。あなたにも。私にも。

人が関わるところならどこでも、マインドをコントロールしなければ、声は自分が正しく、他の人が間違っている理由を説明するために、最も役に立つ物語を採用する。それは、欲求や嫌悪に沿って行われる。

これはあらゆる組織、コミュニティ・グループ、家庭、社会、そして人々が集まるあらゆる場所で起こることだ。これは、私たちが自分自身に言い聞かせている物語がすべて単なる作り話であることに気づかないときに起こることなのだ。

＊　＊　＊

あの夜、キャンベラからシドニーに向かう飛行機の中で、父と私は、私たちの世界というインクのしみにさまざまな物語を投影した。私は安全で退屈な世界という物語を思い浮かべ、そのまま眠りについた。父は潜在的な危険性を投影した。どちらが正しかったのだろう?私たちは無事に帰ってきたのだから、私は正しかったといえる。しかし、父が好んで言っていたことには、「経験豊富なパイロットは、長年の訓練と経験を生かすべき状況を避けるために、長年の訓練と経験を生かすものだ」。よって、父も正しかったのだろう。

第2部

マインド
セット・
マスタリー
の実践

5 何もしないことの力

アリと付き合うと決めた正確な瞬間を覚えている。2017年5月26日金曜日の午後3時36分だった。私はメルボルンで開催されたThought Leaders Business Schoolのイマージョン・プログラムに参加していた。このビジネススクールは、自分の知識を書籍や研修プログラム、基調講演などで売って生計を立てている人たちのためのものだった。私たちは皆、自分ひとりでビジネスを運営しており、現地にサポートスタッフはいない。私たちは90日ごとに集まり、プロフェッショナルとしての成長を図り、次の四半期の計画を立てた。

3時36分、リサとコリンがステージに上がり、史上初のソート・リーダーズ・パーティーの開催を発表した。メルボルンを見下ろすオーストラリアで最も高いビル、ユーレカ・タワーでクリスマス・パーティーとして開催される予定だった。

そして一番良かったのは？　私たちはパートナーを連れてくることを勧められた。

その瞬間、私の素晴らしいパートナーはパーティーをきっと気に入ってくれると思った。これは、私たちが本当にお互いの世界になじむことができ、彼女が私の友人を気に入り、彼らが彼女を気に入ることを知る機会となるだろう。

唯一の問題は、私が独身だったことだ。約7年間もそうだった。確かにガールフレンドはいたが、真剣な付き合いはなかった。素敵な人はたくさんいたけど、結婚に必要なつながりはなかった。

でも、その瞬間、私には誰かがいるとわかった。私の人生の中で何よりも、そうなることを確信していた。彼女は結婚する価値があるほど素晴らしいだろう。この段階では、私はアリに会ったことがなかった。

いつ彼女に会えるのか、手帳を見た。私の手帳には6月から8月末までの出張がぎっしり詰まっていた。だから、9月は封印した。結局のところ、素敵な女性と知り合うには、その街にいなければならないのだ。

7月末、付き合っていた女性が、長期的な未来がないことがわかったので、もう会いたくないと言い出した。

翌朝、別の友人からその日の夜に開催される独身者向けのイベントに参加するよう連絡があった。そのイベントで私はアリという名の素敵な女性と出会い、電話番号を交換した。でも、彼女には連絡しなかった。私は8月まで毎週のように出張していたし、家にいる週末は子供がいたから会うことができなかった。

8月の終わりに、私は彼女に私のことを覚えているかと尋ね、次の金曜日に独身者のイベントに参加することを知らせるメッセージを送った。

驚いたことに——そして興奮したことに——彼女は即座に、そのイベントにはすでに予約済みで、そこで会うとメッセージを返してきた。

私たちは一晩中ダンスやカラオケを楽しみ、数週間も経たないうちに、彼女はソート・リーダーズ・パーティーにぴったりで、パーティーを気に入ってくれるだろうと思った。パーティーでは、彼女はまるで何年も前からみんなを知っているかのように、すぐに溶け込んだ。彼女は私の友人たちを愛し、友人たちも彼女を愛した。

3年後、私たちは結婚し、今では想像しうる限りの素晴らしい生活を送っている。

何もしない

リサとコリンがパーティーを発表したとき、私はこう思ったのを覚えている。**相性ぴったりの人がきっといるぞ。**私は身体の中にエネルギー的な感覚を感じた。それは一種のざわめきで、ただそこに存在していた。

普通なら、このような感覚に興奮や期待などのレッテルを貼って、その酩酊感にとらわれるだろう。しかし、私はそうしなかった。ただ何が起きているのかを見ていた。自分の身体で何が起きているのか、そして自分がどのように環境から影響を受けているか、に、私は100%立ち会っていた。エネルギーが私の身体内を移動するのを見ていた。感覚はやりたいことをやり、やがておさまった。

私は冷静で、自分のやるべきことに何が必要かを確信していたことを覚えている。私の収入の95%は州をまたいだ仕事によるものだったからだ。アリのことを思い出す時の感覚に私は反応しないようにしたので、8月中は彼女に連絡せずにいられた。結局のところ、来月会いましょうと言うだけで、素晴らしい女性に連絡する意味はないのだ！

感覚と身体のフィードバック・ループから起こる感覚に反応したり、とらわれたりすることなく、ただ観察し、経験することができたとき、あなたはマインドセット・マスタリーの地点にいる。この地点にいるとき、あなたは100％その瞬間にいて、自分が経験している欲求や嫌悪から物語を作り出すことなく、ありのままの人生を経験している。

その瞬間、私は自分の身体の感覚に反応するのをやめて、ただ自分が望む結果を達成するのだとわかっていた。どうやってかはわからなかったが、そうなることはわかっていた。ループを断ち切るには、何もせず、ただ身体の感覚を観察するだけでいいことがわかった。それだけだ。

ループを断ち切るとき、私たちは何が起こっているかについての先入観をすべて捨てる。物語やプログラミング、そして自分の反応によって引き起こされる思考に邪魔されることなく、目の前の世界をありのままに見るのだ。そうすることで、無常の法則が感覚を不活性化し、無意識が意識化される。反応を止め、何もせず、感覚を体験するとき、私たちは障害を道とみなしているのだ。私たちはそれまで物語を当てはめていた世界を、中立的な出来事であるインクのシミのように見ることができる。

何もしないで感覚が消えていくと、突然、幸せ、笑い、愛がはじけることがよくある。無反応を続けることでより多くの感覚が解放されると、平和、愛、喜びの生命エネルギーが現れ始める。反応することをやめると、私たちは目の前にある現実を見ることができる。しがみついていたことのむなしさや狭量さがよくわかる。外界の出来事には本質的な意味がないことがわかる。欲望や嫌悪感、そしてそれにまつわる物語にとらわれることをいかに許していたかを笑うことになる。

ループを断ち切るとき、私たちは何もしていない。出来事や、頭の中の声や、どんな状況でも抱く願望に惑わされない。これがマインドセットをマスターした状態だ。

文字通り何もせず、ただ感覚を味わうのだ。しかし、この単純さは、私たちがこれまで教えられてきたこととはまったく対照的だ。また、ＳＢＦＬの引き金となるような反応やさらなる思考を生み出すという、身体が常習的に行っていることとも矛盾する。このため、何もしないことは必ずしも簡単ではない。

▼ループを断ち切るとき、私たちは何が起こっているかについての先入観をすべて捨てる。目の前の世界をありのままに見ることができ、物語やプログラミング、そして私たちの反応によって引き起こされる思考に邪魔されることはない。

何もしないことが何であるかを説明するには、何もしないことが何でないかを理解することが役に立つ。それが分かれば、何をすべきでないかが分かる。すべきでないことをやめたとき、私たちは何もしないことになる。

何もしないでいるための4つの方法

嫌悪を管理するために私たちが「する」主な方法が3つあり、欲求を管理するために使う方法が1つある。

以下に、職場でよくある、しかし不快な状況である「プレゼンをする」という場面で、私たちがこれらの戦略をどのように使うかを概説する。

回避

回避とは、感覚と身体のフィードバック・ループや経験したくない感覚の引き金となる人や場所、ものを避ける行動をとることだ。これは、人前で話したり発表したりするときによく見られる。また、家庭や職場で対立がある場合にもよく見られる。「そのことを話したくないだけ」というのは、その場ではその感覚を避けることができても、長期的に問題から逃げることはできない。

人前で話すことに関連してSBFLが発動するのを避ける方法としては、話す必要のある仕事には応募しない、意見を求められないように目立たないようにする、会議ではただ黙っている、などが考えられる。プレゼンを頼まれた場合は、その感覚を避けるために、「能力開発の機会」としてチームの誰かに任せるようにするかもしれない。

回避は人生のあらゆる分野でさまざまな形で行われる。逃避とも呼ばれる。ニール・エリアルは著書『Indistractable』の中で、私たちは人生の苦痛を避けるために気晴らしをしていると強調している。買い物、映画、ジム、恋人の家など、不快な感覚を避けられる場所に行くとき、私たちはこの戦略を使っているのだ。

アルコール、合法・非合法の薬物、テレビの見過ぎ、過度のセックス、ポルノ、あるいは仕事に没頭することもよくあることだ。ブレネー・ブラウンはその著書『Braving the Wilderness』の中で、現代人は人類史上最も麻痺し、負債を抱え、過労にさらされ、無関心な集団であると説明している。今日ほど、望ましくない感覚を避ける方法がたくさんある時代はない。

避けることは、それほど不吉なことではなく、社会的に許容されることさえある。ヒュー・マッケイは著書『The Inner Self』の中で、私たちが経験する感覚に対処するのを避ける最も一般的な方法を20個概説している。その中には、郷愁、野心、傲慢、多忙、運命論など、多くのものが含まれる。マッケイは、これらの行為をしているとき、私たちは常に避けているわけではないが、過剰に行ったり、次に何をすべきかの指針として使ったりすると、内なる自己との接触を妨げてしまうと指摘している。

抑圧

抑圧するというのは、恐怖を感じながらもとにかくやってしまうことだ。プレゼンをするのが嫌だとわかっていても、それは仕事の一部であり、望ましくない感覚を押し殺してやり遂げるしかないのだ。その感覚を押し殺し、存在しないふりをする。しかし、存在するのだ。

ＳＢＦＬは常に私たちが経験する感覚を生み出している。もしその感覚が排出されなければ、イライラ、気分の落ち込み、首の緊張、けいれん、消化不良、不眠など、さまざまな形で戻ってくる。

それだけでなく、もしその感覚を体験せず、発散させなければ、次にプレゼンをしなければならないときに、またその感覚を抑圧してしまうことになる。抑圧することは、無意識が意識化するのを止めることなのだ。

さらに、感覚を抑えることで反応するのは疲れる。感覚を抑えることに注意とエネルギーを集中させるということは、他のことに集中する精神的なゆとりがなくなるということだ。ビーチボールを水面から出ないように押さえつけているようなものだ。つまり、プレゼンをまとめるのに時間がかかるということだ。プレゼンに臨んでも、スピーチの機会を楽しむことができない。これでは疲れて家に帰り、家族と充実した時間を過ごす気力もなくなってしまう。

表現

感覚を抑圧するのが好ましくないのであれば、それを表現すべきなのかもしれない。結局のところ、私たちはこれらの感覚を瓶の中に閉じ込めておきたくはないのだ！

身体の感覚は、身振り手振りから、思考、発言、行動まで様々な形で表現される。表現する目的は、望ましくない感覚を十分に吐き出し、残った感覚を抑えることだ。

感覚を表現するという戦略にはいくつかの問題がある。あなたが、プレゼンをやりたくないと上司に伝えたとしよう。あなたが挙げたプレゼンをやりたくない理由は、プレゼンをすることに対するあなたのプログラムを強化することにしかならない。上司があなたの話を最後まで聞き、考えを変えなかったとしたら、あなたはその感覚を抑えることに戻らなければならない。

感情を表現するとき、私たちはしばしば攻撃という形で表現する。私たちがそんな発言をするときのエネルギーは好ましくないネガティブなものであり、私たちのボディランゲージもたいてい同様だ。だからこそ、私たちはそれを吐き出したいのだ。残念なことに、私たちがエネルギーを表現している相手は、それが攻撃でなくても、攻撃として感じてしまう。

パートナーが家に帰ってきて、職場の状況がいかに不公平かを表現したことがあるだろうか？

そのエネルギーについて、あなたはどう感じただろうか？

私たちが感覚を表現するもうひとつの方法は、心配することである。心配するとき、私たちはエネルギー的な感覚をささいなことにくよくよする心理状態を通して解放しようとしている。うまくいかないかもしれない、うまくいかないとどうなるのか、どういう影響があるのかを心配するのだ。このため、人はスピーチに立つずっと前から、プレゼンがうまくいかなかったときの落ち込みを経験することになる。16世紀のフランスの哲学者、ミシェル・ド・モンテーニュが言ったように、「私の人生は恐ろしい不幸に満ちているが、そのほとんどは起こらなかった」。

好ましくない感覚を表現することは、非常にカタルシスを感じるため、望ましいことと考えられている。私たちは、そうすることが良いことだと思い込んでいる。フロイトはしばしば、私たちが感じていることを表現することを許可した人物として引き合いに出される。フロイトはカタルシスという概念の初期のパイオニアであったが、彼は、感覚を単に世界という虚空に表現するのではなく、訓練を受けた専門家と「話し合う」ことが重要であると強調した。

依存

上記の戦略はすべて、私たちが嫌悪にどう反応するかに関連している。欲求に反応する方法はもう少し単純だ。感覚にしがみつくと、過去にとらわれたり、想像上の未来に投影されたりする。人によっては、このようなことを、プレゼンをする機会に対して行っている。おそらくあなたは話すことが好きで、前面に立つことでアドレナリンが出るのだろう。あなたにとって、シニア・リーダーシップ・チームで話すことは、次の昇進のための売り込みの機会なのだ。このような理由から、私たちはプレゼンのことを考えるときに感じる感覚を持ち続けたいと思うことが多い。過去にどれだけうまくプレゼンできたか、成功したこと、そしてそれがまた目の前にあることを思い出すことで、こうした感覚を引き起こすのだ。結局のところ、それはいい気分だし、最近の大衆向け心理学では、私たちは常にポジティブに考えるべきだと言われている！

これは合理的に聞こえるが、この戦略にはいくつかの落とし穴がある。第一に、ポジティブな感覚を渇望しすぎると、それに対する依存症に陥ってしまう。それの何がいけないのかは2つ目の落とし穴を読めばわかる。

前回プレゼンしたときのことや、うまくいったことを考えているとしたら、あなたは今の状況に注意を払っていない。過去にとらわれていても、今のあなたの役には立たない。過去にどれだけ良かったかを考えていると、状況が変わってしまったこと、勝機を逃がしてしまったことに気づかないかもしれない。これでは、最大限のパフォーマンスを発揮できない可能性がある。

＊　＊　＊

感覚と身体のフィードバック・ループが私たちの身体に感覚を与え、それに対して私たちが回避、抑圧、表現、依存などの反応を起こすとき、私たちは自分の考え方のコントロールを放棄していることになる。私たちは、ループの引き金となる出来事や、私たちの中でその感覚を活性化させる方法を知っている人たちの奴隷となる。これでは私たちは人生のコントロールを奪われることになる。

生活のあらゆる場面で何もしない

望ましくない感覚には反応しないという考え方は理にかなっている。しかし、望ましい感覚はどうだろう？　愛する人のために経験する感覚はどうだろう？　その感覚にも反応してはいけないのだろうか？

その通りだ。ティーンエイジャーの子供をお持ちの方なら、私の言っている意味がお分かりになるだろう。

子供が4歳のかわいい頃を覚えているだろうか？　ある日、幼稚園から帰ってきた子供は、自分で描いた絵をあなたに渡した。その絵には、家の隣で微笑むあなたと子供たちが描かれていて、背景には虹がかかっていた。子供は、何を考えて描いたのかを説明しながら、その絵をあなたに渡した。あなたはその絵を手に取り、壁に貼って何年もそのままにしておいた。本当に美しい瞬間だった。あなたはその愛を一生持ち続けると言った。そして、そうしてきた。

現在、その4歳児は15歳だ。学校から帰ると、玄関を通り、あなたに向かってうなり声をあげ、牛乳パックから牛乳を飲み干す。冷蔵庫を開けっ放しにして2階に上がり、午後は友達とソーシャルメディアに興じる。

あなたは驚いている。**あの可愛い4歳児に何が起こったのだろう？　かつて見せてくれた愛と尊敬はどこへいった？　どうして昔のようにできないのだろう？**　あなたは彼らを呼びつけ、もっと敬意を払い、もっと人と関わり、もっと……4歳の頃のようになるべきだと言う。

そうなれないのは、4歳児はもう存在しないからだが、あなたはそう思っている。あなたはまだ11年前の感覚にしがみついている。彼らが今日しているような行動をとるとき、それはあなたが記憶している出来事と一致しない。それが嫌な感覚を生み、反応して動揺する。しかし、もしあなたが11年前の感覚を手放したなら、大人へと変容していく子供独特の美しい経験を見ることができるだろう。それはそれで美しいのだが、4歳児を探していると見逃してしまう。

過去の感覚を持ち続けることは、他の人間関係でも起こる。もしそれに気づかず、そのエネルギーを手放さなければ、私たちはトラブルに見舞われることになる。不倫のデイヴィッドのことを考えてみよう。

パートナーへの愛を手放したらどうなる？　愛しているなら、相手を自由にするべきか？それしかないと思う。

デイヴィッドのことを思い出すと、キャロラインと結婚して23年、彼はまだ20年以上前の愛にしがみついていた。しかし、新しい関係の愛はとっくに消え去り、彼の頭の中にしか存在していなかった。彼はもう存在しないものを切望していた。そのせいで、彼は2人の人間が互いに献身し、旅を共にすることで育まれる愛を見失っていたのだ。このコミットメントは、驚くべき美しさを秘めた、まったく異なるタイプの愛を生み出す。しかし、もしあなたが20数年前の感覚にしがみついているとしたら、この現在の愛のバージョンは、あなたが当時持っていたものほど良いものではないことがわかるだろう。

人生の最高の価値は、平穏、喜び、愛である。これらは宇宙のすべてのものの背後にある。地球を歩いてきたすべての教師、賢者、神秘主義者、神の化身、そして悟りを開いた人々は、このことを教えてきた。ブッダは、あなたが知ることのできる唯一の真理は、あなたが肉体の中で経験する真理であると言った。キリストは、あなたは真理を知り、真理はあなたを自由にすると言った。他にも数え切れないほどの悟りを開いた人々が、汝自身を知れ、天の王国は内にあると言っている。おそらく私たちは、自分の身体で何が起こっているのかに注意を払うべきなのだろう！

私たちが経験するエネルギー的な感覚に反応せず、それらを不活性化させるとき、私たちは平穏、喜び、愛へと向かう。反応せず、意識化されている感覚を観察する以外に、そこに到達するために何かをする必要はない。20年前のパートナーとの愛にしがみつくと、その愛が一つの場所と時間の中に閉じ込められ、成長する能力が阻害される。しかし、私たちがそれを解除すれば、時間とともにそれは変化し、成長し、最も深いバージョンになる。それが真の深い愛であり、デイヴィッドが明らかに見逃していたものなのだ。

それでも人生を楽しむことはできる

何もしないということは、人生の出来事を楽しまないということではない。欲求や嫌悪に反応しないということだ。子供が描いた絵をくれたら、一緒にいて、その物語に耳を傾け、そのメッセージを楽しもう。壁に飾って、それを見るたびに微笑んでもいい。その感覚について物語を作ることなく、それがあなたの中で引き起こす感覚を体験してほしい。あなたは「6つの禁止事項」を適用することで、物語を作ることを避けることができる。

何もしない方法

何もしないということの核心は、身体の中で上下する感覚を体験することである。その感覚に100%立ち会うこと。ただその感覚を観察し、自分自身にそれを経験させる。それについて何もしない。

それを観察するとき、その動きに注目してほしい。

上下左右に動くか？

もしそうなら、どんなふうに？

あなたの奥深くに沈みたがっているのか、それとも浮き上がって離れようとしているのか。もしかしたら、ただそこに座っているのかもしれない。それが何をしようと、何の意味もない。ただ観察するのだ。

このプロセスはとてもシンプルなのだが、私たちがそれを難しくしている。企業向けコースでこのことを教えるたびに、「何もしないのはどうすればいいのですか？」と聞かれる。公平を期すなら、それはもっともな質問だ。結局のところ、彼らは自分の身体の感覚に気づかないまま過ごしてきたし、気づいたとしても、それに意味を持たせるように勧められてきた。そうすれば何とかなるかのように、レッテルを貼るように言われてきたのだ。

この「何もしない」ことを支援するために、私は「6つの禁止事項」を開発した。これらは、感覚を引き起こす原因を理解していない人たちから私たちが受けたことのある、善意の悪いアドバイスに対抗するために考案されたものだ。このような人たちは、私たちが感情を抱え込んだり、レッテルを貼って物語を作ったり、対処が難しければただ無視したりすることを勧めるのである。

▼ **何もしないとは、身体の中で上昇したり下降したりする感覚を体験することだ。**

6つの禁止事項

信じられないかもしれないが、何もしないことはかなり難しいことだ。私たちは反応したり、結論を急いだりすることに慣れているので、それが技術だと思っている。そうではなく、単に欲求や嫌悪に基づく反応なのだ。反応しないことを学ぶことが技術なのだ。以下は、SBFLの引き金となる反応に巻き込まれないために、従ってはいけない6つの最も一般的な感覚である。

❶ **レッテルを貼らない。** 感覚にレッテルを貼ることは避けよう。苛立ち、愛、怒り、興奮、その他の言葉で感覚にレッテルを貼ると、私たちは物語を導入していることになる。「プレゼンで緊張している」と言うとき、私たちは過去の経験に基づいた物語を持ち込むことになり、それは現在の状況には何の価値ももたらさない。また、初めて車の運転を習ったとき、高校時代の恋人を誘ったとき、好きなスポーツの決勝戦に並んだときなど、緊張したときのあらゆるエピソードが持ち込まれる。どれも今ここには役に立たず、頭の中の雑音や身体の感覚を増大させるだけだ。そのため、ただ観察することが難しくなる。

❷ **自分のものにしない。**「プレゼンをしなければならないとき、私はこう感じるのだ」などと言うとき、私たちは感覚を自分のものにしている。これは、私たちがその感覚を引き起こしたと考えるものの犠牲になっているのだ。

それは私たちを無力にする。そして、過去にこのようなことがあったという物語に引きずり込まれる。過去に引き込まれるとき、私たちは観察しているのではない。

❸ **判断しない。** その感覚が正しいか間違っているかを決めつけないこと。この典型的な

例は、「プレゼンのときはもっと自信を持つべきだ」というものだ。今とは違う感覚を感じるべきだと思い込むのは、身体がその感覚を嫌うことに反応して、マインドが生み出した別の思考にすぎない。この思考がSBFLを活性化させ、そのプロセスは続く。私たちが感じるべき感覚は、私たちの中にあるプログラムによって指示されている。私たちは自分の中にどのようなプログラムがあるのか知らないので、どのように感じるべきかを言うことはできない。

❹ **抵抗しない。**感覚が湧き上がってきたいというなら、それに任せなさい。押し戻してはいけない。それは心地よいものではないかもしれないが、私たちの中にあるものだ。感覚を湧き上がらせ、経験しないと、それは私たちの中にいつまでも残ってしまう。

❺ **正当化しない。**『緊張するはずだ。これは大きなプレゼンなのだから！』と言って緊張感を正当化すると、またしても物語を持ち込むことになる。そうすると、人生は自分の経験を決定づけ、世間に対して愚痴をこぼすものというような、多くの思考構造のひとつにマインドを戻すことになってしまう。正当化することにとらわれていると、その周りの思考にとらわれてしまい、感覚を体験することができない。

❻ **説明しない。**「前回SLT社にプレゼンしたとき、彼らは私をズタズタに引き裂いた、だから私はこのように感じるのだ」と、過去のエピソードで自分の感じ方を説明したくなる。説明することで、私たちは被害者になることができ、今の自分の状態に責任を持つ必要がなくなる。前回はあまり良い経験ではなかったかもしれないが、今となっては何の役にも立たない。もっとしっかりと準備すべきであったという教訓にはなるかもしれないが、私たちが経験している感覚を説明しなくても、その教訓を得ることはできる。

これらの感覚を観察しているとき、宇宙には永続的なものは何もないことを知ってほしい。すべてのものには始まりがあり、中間があり、終わりがある。これはあなたの身体の感覚にも当てはまる。あなたの中の感覚は、浮き沈みする。「6つの禁止事項」を実践するとき、感覚に不活性化する最高のチャンスを与えているのだ。その時間はわずか20〜30秒かもしれないし、数分かかるかもしれないが、その道をたどり、SBFLのトリガーは不活性化される。

「6つの禁止事項」を実践することは、決して感覚を無視したり、避けたり、否定したりすることではない。むしろ正反対だ。「6つの禁止事項」を適用し、身体の中を流れる感覚をただ見ているとき、あなたはその感覚に100%の注意を向けているのだ。これは、その感覚が欲していることなのだ。

身体のエネルギー的な感覚に反応することなく注意を向けるとき、あなたは無意識を意識化することになる。そして真実を知れば、それはあなたを自由にする。

でも、どうすればその考えを止められるの?

最初は、感覚によって引き起こされる思考を止めることはできないだろう。それは練習すればできるようになる。思考にとらわれなくなる方法は、ただ感覚に集中することだ。思考が背景にあることに変わりはないが、感覚に全神経を集中させることで、思考に引き込まれなくなる。そうすることで、思考で感覚に反応する習慣を断ち切るよう身体を訓練することになり、思考が邪魔にならなくなるのだ。

どうすれば自分の調子を知ることができるのか？

反応しないことがどれだけうまくいっているか、簡単なテストがある。頭の中の声に耳を傾けてみよう。何を話しているのか？　その声が比較的静かだったり、目の前の仕事に集中していたりするなら、あなたはマインドセットをマスターする道を順調に進んでいる。しかし、その声がまだその日のうちに起こったことについて話しているのなら、思考が活性化する感覚にアクセスして、関連する思考に巻き込まれることなく、それを体験できるかどうか試してみよう。

洗い直しと繰り返し

ある感覚を経験すると、その代わりに別の感覚が襲ってくるのはよくあることだ。モグラたたきゲームのようなものだ。これは何かが間違っているのではない。むしろ、感覚と身体のフィードバック・ループの認識部分で、より深いレベルのプログラムが活性化され、意識化されるようになっただけなのだ。もう一度、身体の感覚を観察しながら、「６つの禁止事項」を実践してみよう。

火山噴火を抑える

最初にこのエクササイズを開発したとき、私は特に関係が難しい相手にこのテクニックを試してみようと思った。その人と話すたびに、お互いに不満と怒りで終わっていた。

その人が私の中で引き起こした感覚に反応しないように練習するために、私はキッチンのテーブルに座り、その人のことを考えた。そうしているうちに、自分の中で火山が噴火しているような感覚を感じた。その感覚は白く熱く、空に向かって爆発しようとしていた。それは強烈で、あまり楽しいものではなかった。数分間、私はその感覚を味わいながら、何が起こっているのかを心の目で見ていた。私はただそれを見ていた。レッテルを貼ったり、なぜそう感じたのかを正当化したりはしなかった。私はただ、それが私の身体を通って移動するのを見て、経験した。

5分後、溶岩の爆発は収まり始め、その背後にあった感覚も引いていった。さらに5分後、感覚は消えた。

その10分間の体験の後、私はまたその人のことを思い出した。そのとき、ほんの11分前に抱いていたような敵意はまったくなかった。また、急に親友になりたいと思ったわけではない——それが目的ではなかったのだ。嫌悪感や怒りに反応することなく、その人のことを考えることができたのだ。

それから1週間ほどして、私はその人に出くわした。驚いたことに、その人に会うといつも感じる緊張やフラストレーションがなかった。私はより良い自分でいることができた。私は集中しなければならない仕事に対処し、前に進むことができた。

それに加えて、その人は前より感じがよかった。私が自分のためにしたことが向こうに影響を与えたというわけではなく、その人は相変わらず同じように振る舞っていたが、私が相手に誘発されることはなかった。その結果、私たちは礼儀正しく接することができ、それぞれの道を歩むことができた。私にとっては大きな収穫だった。

どうしてそのような変化が起きたのか考えてみると、納得がいった。もしその人のことを考えるたびに、自分の中の火山を抑えなければならなかったとしたら、その人に向けるエネルギーも注意もほとんどなかっただろう。私の白熱した怒りが投影され、相手もそれに反応したただろう。一緒に仕事をすることはできなかっただろう。このおまけは、向こうが私に白熱した怒りを投影したとき、私はそれに誘発されなかったということだ。これは、関係者全員にとって、より良い、より気楽な交流を意味した。

何もしなかったら？

人生はこれまで通り続き、あなたはより自分らしくなる。

私たちが感覚に対して欲求や嫌悪の反応を示すと、時間の経過とともに人格が変化する。その変化は小さなものだが、時間の経過とともに複雑になっていく。感覚に対して同じように反応し続ければ、反応が習慣化され、それが性格を作り出す。反応を止めれば、性格も変わる。そうすることで、私たちが世界をどう捉え、人々が私たちをどう捉えるかが変わる。

その感覚に何らかの反応を示すと、不応期が延長される。不応期は数分で終わるどころか、数時間から数日にまで延びる可能性がある。月曜の朝、出勤途中に何か気に障ることがあったせいで、一日中（あるいは一週間中）機嫌が悪かった人に出くわしたことはないだろうか。

なんて長い不応期だ！

> ▼感覚に対して同じように反応し続ければ、反応が習慣化し、それが人格を形成する。

ジョー・ディスペンザ博士は、著書『Breaking the Habit of Being Yourself』の中で、これがどのように起こるかを説明している。誰かが渇望や嫌悪に反応すると、その感覚にしがみつき、さらに同じ感覚を生み出す思考を生み出す。その感覚が長く続くと、「その時の気分」になる。もし、その引き金を引き続け、同じように感覚に反応し続ければ、その気分は気質に変わる。ジェニーに気をつけろ。彼女は四半期の終わりにはいつもストレスを感じている！

ある気質を長く持ち続ければ、それが私たちの慣れ親しんだ行動様式となる。環境によって引き起こされる感覚をどのように経験するかがわかるようになり、その日に経験することを予測できるようになる。たとえ表向きはその感覚が好きでなくても、慣れ親しんだものには安らぎがある。自分の気質に従って長期間行動すると、それが個性となる。周りの人々はジェニーには近づくなと言い出す。

こうして人は、怒り、恐れ、悲しみ、喜び、興奮、その他あらゆる種類の人格を形成する。環境のトリガーや記憶として経験した感覚に反応し、単にその感覚を経験するのではなく、反応することで「身動きが取れなくなっている」のだ。私たちは通常、これが自分のしていることだとは気づいていない、

自分の性格を変えたいのなら、自分の身体で経験する感覚に注意を払うだけでいい。そうすることで、自分の反応の仕方が変わり、自分という人間が変わっていく。

6 マインドセット・マスタリーを仕事に生かす

本書で教えられるテクニックはただひとつ、身体で感じるエネルギー的な感覚に反応しないことだ。そうすることで、無意識を意識化することができる。そうすることで、マインドセットをマスターし、精神的な平穏と平静を保つことができる。人生を体験している間、いつでもどこでも使えるシンプルなテクニックだ。もしリアルタイムで実行するのを忘れてしまっても、出来事の後にこのテクニックを適用すれば、素晴らしい結果が得られるだろう。

しかし、単純であることはしばしば成功の妨げになる。私たちは単純なことを見落としがちで、単純ならうまくいくはずがないと思い込んでいる。この章では、マインドセットをマスターするために、さまざまな状況でテクニックを実践する方法を紹介する。

2万5千ドルのマインド・テクニック

この本を手にして、このページにたどり着いた方、ようこそ。ここに至るまでのページを必ず戻って読んでほしい。テクニックの理由と方法を知ることは、それを行うことと同じくらい重要だ。

2011年、私はオーストラリア統計局で5年間働いていた。図書館や美術館、博物館に行く人の数を数えるのが私の仕事だった。言うほどエキサイティングな仕事ではなかった。

私は何年もその職務に就いていたが、何度も昇進を見送られてきた。私を追い越して昇進していく人たちを見ては、なぜ彼らが昇進し、私は昇進できないのか不思議に思っていた。

この間、私は副業として講演やトレーニングの仕事も展開していた。フルタイムでこの仕事を始めるか、それともこの仕事をやめて残りのキャリアを図書館の来館者数を数えることに専念するか、決断を迫られるところまで来ていた。貯金がほとんどなく、オーストラリア統計局から定期的に給料をもらっていた私にとって、退職することは望んだ以上に難しいことだった。

そしてある日、私は辞める決断をし、それを実現するために以下のマインド・テクニックを使った。このテクニックは、あなたが人生から追い出そうとしている人や存在とのエネルギー的なつながりを断ち切ることによって機能する。このテクニックは、そのつながりがどれほど強いか、なぜ過去にそれを断ち切ることが難しかったかをあなたに示すかもしれない。このことがわかったら、現実世界のつながりが切れるまで、このプロセスを繰り返すだけでよい。

① 人生から消えてほしい人やものを思い浮かべてほしい。二度と関わりたくない人、あるいは何かだ。私にとって、これはオーストラリア統計局だった。あなたにとっては、人や物質（アルコール、ニコチン、売りたい不動産や車など、何でもいい）かもしれない。

② 椅子に座り、背筋を伸ばして目を閉じる。鼻から数回息を吸い、皮膚の上を空気が通るのを感じる。

③ マインドの目で、その人や物を目の前に思い浮かべてほしい。私の場合は、毎日出勤するビルを思い浮かべることで、オーストラリア統計局を表現した。

④ マインドの目で、あなたのへそから、あなたが去ろうとしている人や物へとつながっているのを見る。このつながりは、それが何でできていてもよい。ロープでもチェーンでもケーブルでもデンタルフロスでも何でもいい。オーストラリア統計局でこれをやったとき、私は自分のへそからロープが出て、20階建てのビルの周りを巻いているのを想像した。

⑤ 頭の中で、つながりが切れるところを思い浮かべてほしい。これは案外難しいかもしれない。決然とした努力が必要かもしれない。また、バターナイフで太いロープを切ろうとしていることに気づくかもしれない。何であれ、切り続けてほしい。必要であれば、今使っているものをもっと鋭利なものに変えられるかどうか試してみてほしい。できないかもしれない。また、接続部分を切断すると、瞬時に再接続されることに気づくかもしれない。その場合は、そのまま切り続けてもらいたい。

⑥ つながりを切ろうとするときに生じる感覚を観察する。

⑦ それらに「6つの禁止事項」を適用する。レッテルを貼らない、自分のものにしない、判断しない、抵抗しない、正当化しない、説明しない。ただ、身体の中のエネルギー的な感覚を観察するのだ。

⑧ つながりを切ったら、その人や物が消えるまで遠くに浮かんでいくのを見る。

⑨ それが浮き上がるとき、自分に向かって静かにこう繰り返す。『私はあなたを完璧で有益な方法で解放します』、あるいは『私はあなたを完璧で愛に満ちた方法で解放します』。あるいはこれのバリエーションでもいい。あなたは彼らを解放しているというメッセージを送りたいのであり、あなたはそうする際、愛と利益をもたらすか、あるいは完璧であるのが望ましい。

⑩ それが消えていくにつれて、身体に湧き上がってくる感覚を観察する。

⑪ それらの感覚に「6つの禁止事項」を適用する。

⑫ 上記のステップを1回につき3回繰り返す。

⑬ あなたの世界に何が現れるか、見守っていよう。世界はあなたにシグナルを送ってくる。これらのシグナルはどんなものでもよく、たいていはまったく突拍子もないもの

だが、あなたが知るべきこと、すべきことを的確に教えてくれる。それらに注意を払い、それに従って行動するのがあなたの仕事だ。それが何であるかは、それが現れたときにわかる。これらのシグナルがあなたに提示されると、身体内の感覚が活性化する。それらに反応するのではなく、ただあなたの身体に存在するそれらを観察し、適切と思われる行動を取るのだ。

⑭ その人や物があなたの人生から消えるまで、1日に数回でも構わないので、このプロセスを何度でも繰り返してもらいたい。

外界の行動と内界の意図とを一致させておくことが重要だ。ある人を自分の人生から追い出したいのなら、テクニックを使ってから電話をかけてはいけない。ある組織から去りたいのなら、その組織内での昇進や異動に応募してはいけない。そんなことをすれば、宇宙に対して複雑なシグナルを送ることになる。

2011年のイースターの週末、私はこのテクニックを1日4回繰り返し、オーストラリア統計局から離れる手助けをした。イースターが終わってオフィスに戻ると、不思議なことが起こった。どういうわけか、私はディレクターと激しい会話をすることになったのだ。なぜかディレクターは、私が昇進しなかった理由について話し始めたのだ。彼は私にデータ分析の能力が足りないと言った。私が最近発表した記事のことを言うと、彼は別の言い訳を考え出した。私がそれに反論すると、彼はまた別の理由を考え出した。

数個の理由を聞いた後、私は彼に、彼はわざと私を昇進させないようにしているのだと言った。このとき彼は、そうだと言った。彼とリーダーシップ・チームは、私が昇進することはないという決定を下しており、私には3つの選択肢しかなかった。今の場所に留まるか、辞めるか、リーダー・チームが変わるまで待って、新しい人が私を違うように見るか、だ。

私は4つ目の選択肢があることを提案した——彼らの方が私を辞めさせれば良いのだ！この瞬間まで、この選択肢を考えたことはなかった。

彼は、公共サービス全体が人員過剰を禁じているため、この選択肢も考えていなかったと認めたが、検討してみると述べた。

何週間にもわたって和解の交渉をする中で、私は状況の不公平さと苛立ちを感じると同時に、起こっていることに対する興奮を覚えた。自分に不利だとわかっていた職場をついに離れ、夢のキャリアにフルタイムで飛び込もうとしていたのだ。このような感覚を感じながら、私はただその感覚が自分の身体を通っていくのを観察していた。これは特に難しい状況もあったが、起こっていることに注意を向けることで、私は自分の身体の中心にとどまり、経験していることに反応しないことができた。

数週間後、私は書類にサインし、2万5000ドルの退職金を受け取った。その後、私は自分の診療所にフルタイムで飛び込み、後戻りはしていない。

クイック・キャリブレーション

これから、マインドセット・マスタリーのテクニックを使って、あなたが望む結果を達成するための、一連のさまざまな状況を順を追って説明したい。その前に、簡単な測定法で、これらの状況に対して自分の中の感覚がどれくらい強いかを理解するのがよいだろう。以下の各テクニックについて、その前後の両方でキャリブレーションを行い、感覚の強さを判断するのがよいだろう。これは比較的簡単で、ほんの数分しかかからない。また、キャリブレーションを行うことで、感覚を察知しやすくなり、感覚に反応しにくくなる。

第2章の「感覚の観察法」では、簡単なボディ・スキャンを紹介した。これによって、私たち全員が身体内で経験するエネルギー的な感覚を調べる道が開かれた。キャリブレーションを行うには、これらの感覚を利用し、それがどの程度強いかを判断すればよいのだ。キャリブレーションを行うには、以下の手順に従ってほしい。

① 望ましくないエネルギー的感覚を引き起こしている状況を思い浮かべる。

② 経験した身体的感覚を特定する。レッテルを貼らないこと。震える、重い、きつい、肩に重みがある、胃がもたれるなど、恐怖や不安などとは対照的な身体的描写を使ってもらいたい。

③ これらの感覚の強さを10段階で評価する。7は使わないでほしい。7点というのは、どちらとも言えないような、対症療法的なものだ。ある感覚を7と評価したい場合、それが6か8か決めなければならない。

偽者症候群の克服

偽者（インポスター）症候群は、私のクライアントがよく口にする病気のひとつだ。多くの上級指導者、専門家、熟達した専門家が、高給をもらっている自分の能力や価値を疑っている。

このようにうったえるのはビジネスマンだけではない。成功したスポーツスター、俳優、起業家、アーティスト、ミュージシャン、親たち、そして作家でさえ、自分は詐欺師であり、他の誰かが自分のやっていることをやったほうがいいと感じていると打ち明けている。成功した人物の伝記を読めば、偽者症候群を克服した人物の話を目にすることができるだろう。あなたがそれを感じているということは、あなたも私たちと同じだということだ。

しかし、自分も他の人と同じだと分かっていても、その気持ちが楽になるとは限らないし、消えるとも限らない。偽者症候群は、あなたがコンフォートゾーンの端にいるときに生じる。これは、あなたが成長していることを意味するので、良いことである。この感覚を克服するために多くの人が奨励する方法は、恐怖を感じてもとにかくやってみることだ。あるいは、ただ自分を信じること。あるいは固まり動かない。あるいはその感情を無視することだ。しかし、これはうまくいかない。もしうまくいくなら、私たちは何年も前にこの気持ちから抜け出しているはずだ。

ここでは、偽者症候群を克服するためのマインドセット・マスタリーの方法を紹介する。

①　自分が偽者であることを感じる状況を特定する。それは、会議で発言するときであったり、セールスの電話をかけるときであったり、昇進を申請するときであったりする。

②　この状況で経験する身体の感覚にアクセスする。感覚が生じるトリガーに遭遇したときに生じるエネルギー的な感覚に、完全に立ち会うこと。

③　感じる感覚の強さを測定する。

④　それらに「6つの禁止事項」を適用する。レッテルを貼らない、自分のものにしない、判断しない、抵抗しない、正当化しない、説明しない。ただ、身体の中のエネルギー的な感覚を観察するのだ。

⑤　感覚がなくなるまで繰り返す。

このテクニックは、覚えていれば会議中にリアルタイムで使ってもいいし、後日使ってもいい。どちらでも構わない。

電話営業

飛び込みの電話営業には、ほとんどの営業マンにとって逃げ出したくなる何かがある。電話営業の技術や、電話営業を楽しくする方法について書かれた本は数え切れないほどある。著者は、受付を突破するための台本を提案し、理想的な売り文句を開発するためのアドバイスを提供し、拒絶の恐怖に対処するための専門家のアドバイスを提供する。通常の戦略がうまくいかない場合は、苦痛を乗り越えながら「笑顔でダイヤル」することが奨励されている。

しかし、私たちは皆、ただ機械的に、あるいは無理に電話をかけてきた人からの電話を取った経験がある。私たちは彼らのエネルギーを奪い、その電話は長くは続かない。皆の時間の無駄だ。

私がLinkedInで１００人以上の営業マンを対象に行った世論調査では、回答者の43・5％が、電話営業をすることが自分の役割の中で最も難しいことだと答えた。さらに17・4％が「注文を聞くこと」と答えた。つまり、営業担当者の61％が、自分の役割の最も基本的な部分をこなすことにストレスを感じているということだ。

しかし、もしあなたが自分の台本と見込み客に提供する価値をわかっていて、あなたの持っているものを必要としているターゲットとなる見込み客に電話をかけているのであれば、何もストレスを感じることはないはずだ。

しかし、人生におけるすべての物事と同じように、それを好むか好まないかは、純粋に私たちが自分自身に語る物語にかかっている。これらの物語は、その仕事を思い浮かべたときに経験するエネルギー的な感覚に基づいている。電話営業や注文の依頼を思い浮かべたときに、好ましくないと感じる感覚があれば、電話をかけることはないだろう。

より正確に言えば、人々が嫌がるのは電話営業ではない。むしろ、電話をかけなければならないときに経験する身体の感覚が嫌なのだ。どんなに台本を作っても、笑顔で電話をかけても、ただ強引にやり過ごそうとしても、この感覚を克服することはできない。もし営業マンが電話営業をストレスと感じないようにしたいのであれば、電話をかけるときに経験する感覚を不活性化する必要がある。そのためのステップを紹介しよう。

①見込み客のリストを用意する。
②リストを見て、自分の中に生まれる感覚に注意を払う。
③感じる感覚の強さを調整する。
④感覚とその動きを観察する。６つの禁止事項を適用する。
⑤電話をかける見込み客を特定する。電話をかけ、何を話すかを想像する。自分の身体に起こる感覚を観察する。
⑥それらに「６つの禁止事項」を適用する。レッテルを貼らない、自分のものにしない、判断しない、抵抗しない、正当化しない、説明しない。ただ身体の感覚を観察する。
⑦電話をかける。電話をしている間、身体に感じるエネルギー的な感覚に注意する。それらに「６つの禁止事項」を適用する。

⑧ 通話後、通話とその結果を振り返る。エネルギー的な感覚が生まれたら、「6つの禁止事項」を適用する。

⑨ 経験した感覚をもう一度測定し、その値を決定する。あなたは、深刻さが軽減していることに気づくはずだ。その代わりに新しい、あるいは異なる感覚を経験するかもしれないことに注意して欲しい。その場合は、このプロセスを繰り返してもらいたい。

このテクニックで注意しなければならないのは、あなたが好ましいと評価するようなエネルギー的な感覚を求めているわけではないということだ。電話営業を楽しいものにしたいわけではない。これはただ、不活性化する必要のある渇望にすぎない。あなたが求めているのは、湧き上がる感覚を観察し、反応することなく経験できるようにすることだ。

ムカつく奴

誰にでもそういう人はいる。同僚かもしれないし、上司かもしれないし、取引先かもしれない。兄弟姉妹や舅姑かもしれない（そんな人と結婚していないことを祈る）！　学校の委員会の人かもしれないし、スポーツクラブの人かもしれないし、パートナーの親友かもしれない。

それが誰であろうと、私がどんな人のことを言っているか、お分かりだろう。何もする必要がないのに、あなたを困らせる人たちだ。それは、傲慢な態度や、貧乏くささ、過剰な偽の誠実さといった表面的なことかもしれない。彼らが誰であれ、あなたへのメッセージがある。

誰かがあなたを困らせるとき、それは単にあなたの中でプログラムが作動しているのだ。そのプログラムは、あなたが完全に統合していない部分を表している。カール・ユングは、もし私たちが完璧に完全な個人になりたければ、これらの抑圧された部分を統合する必要があると言った。彼はそれをシャドウと呼んだ。誰かがあなたを困らせるとき、その人はあなたの人格のシャドウの要素を活性化しているにすぎない。彼らは、あなたが無意識を意識化できるように、あなたが取り組むべき場所を正確に示しているのだ。以下がその方法だ。

① うっとうしい人に出くわしたら、身体に生じるエネルギー的な感覚に注意を払う。

② それらに「6つの禁止事項」を適用する。レッテルを貼らない、自分のものにしない、判断しない、抵抗しない、正当化しない、説明しない。ただ身体の感覚を観察する。

③ その人と一緒にいるときは、必要なだけこのプロセスを繰り返す。

彼らがいる前で非活性化できなくても――あるいは忘れてしまっても――問題はない。ただ座って目を閉じ、彼らのことを考えるだけでいい。彼らの記憶があなたの中で感覚を活性化させたら、「6つの禁止事項」を適用し、その感覚が消えていくのを見守るだけでいい。

これはリアルタイムで行うのと同じように機能する。

このテクニックは、歯医者や仲の悪い義理の家族など、トリガーになるとわかっている人に会いに行く前にも応用できる。

家に帰ってからの一杯

たった一杯だし、日の疲れを癒し、ストレスを発散するために飲むだけだ。そんなに悪いことか?

これはオーストラリア全土の労働者が共通して口にする言葉だ。オーストラリア保健福祉研究所の報告によれば、アルコールの全体的な消費量は減少しているものの、依然として下水道で最も多く検出されている薬物である。一杯の酒がどれだけ悪いかを議論するのは私の立場ではないが、このことに詳しい医療専門家によれば、習慣をやめたいと思っている人はたくさんいるそうだ。

見せかけのリラックス剤

アルコールはしばしば、リラックスを助けるという名目で飲まれる。表面的にはそのように見える。グラス一杯か二杯飲めば、その日のストレスは感じなくなり、リラックスしていると思う。しかし、実際はそうではない。

アルコールは感覚を麻痺させる作用がある。自分の身体を感じ、身体からの信号を感知し、処理する能力を妨害する。夜遊びした後に怪我をして目を覚まし、どうして怪我をしたのか覚えていないという経験がある人なら、私の言っている意味がわかるだろう。少量のアルコールでさえ、私たちのマインドと身体の器官を麻痺させる。つまり、感覚が鈍くなる。そして、これをリラックスしていると解釈する。しかし、そうではない。

アルコールを使って「リラックス」することの問題点は、何かをストレスフルだと評価するプログラムが解除されていないことだ。つまり、短期間は気分がよくなり、リラックスできたと解釈するかもしれないが、私たちがやっていることは、起きていることを覆い隠しているだけなのだ。翌日もまだストレスは残っているが、アルコールが身体内で処理されているため、若干悪化している。

その1杯を飲みたいという衝動を解除することは、他のすべての解除と同じプロセスに従う。ただし、アルコールを飲む前に行うこと。

① 飲みたいという欲求は通常、特定の出来事によって引き起こされる。オフィスを出るとき、玄関を通るとき、時計が午後5時になるのを見るとき、夕食の準備を始めるとき、子供を寝かしつけるときなどだ。何であれ、飲みたいという欲求を引き起こす状況を特定する。

② マインドの目で、トリガーとなる出来事に遭遇した自分を想像する。

③ トリガーに遭遇したときに生じるエネルギー的な感覚に、完全に立ち会うこと。

④ 感覚の強さを測定する。

⑤ それらに「6つの禁止事項」を適用する。レッテルを貼らない、自分のものにしない、判断しない、抵抗しない、正当化しない、説明しない。ただ身体の感覚を観察する。

⑥ これを3回繰り返す。

⑦ 感覚を再測定し、強度の低下を判定する。強さが軽減していることに気づくはずだ。その代わりに新しい感覚や異なる感覚を経験するかもしれないことに注意してほしい。その場合は、このプロセスを繰り返してもらいたい。

上記の不活性化に加えて、炭酸水や水など別の飲み物を用意しておくと便利かもしれない。これは、あなたが感じているかもしれない物理的な喉の渇きをケアするのに役立つだろう。

金儲け

子供の頃、私はお金のない家で育った。父と母はビクトリア州のワンガラッタで航空会社を立ち上げたが、うまくいかなかった。彼らの計画は、乗客をメルボルンまで運び、州を横断するというものだった。紙の上では非常に理にかなったビジネスアイデアだったが、残念ながら飛行機は紙の上では飛ばない。最初の成功の後、借金がかさみ、父と母は破産宣告を受けた。当時、私は6歳だった。

破産手続きの一環として、彼らは家も含めてすべてを失った。ふたりとも事業に携わっていたため、仕事も貯蓄もなかった。私はそれを間近で見ることになった。学校から家に帰ると、聖ビンセント・ド・ポール［カトリック系の慈善団体］の人が台所のテーブルで私たちがその週食いつなぐための買い物の注文を取っている、というのを二度ほど経験した。兄は新聞配達をしていた。食べるために両親が兄からお金を借りたこともあった。かなり悲惨な状況だった。父は仕事を見つけるためにシドニーに引っ越し、私と母、そして3人の兄妹は手当てをもらって暮らした。

私たち全員がシドニーに引っ越した後、破産が免責されるまでに3年、その後再び家を購入するための借金ができるように名簿から名前が消されるまでにさらに4年、振り出しに戻るまでに合計10数年かかった。

子供の頃にこのようなプログラミングをされたのだから、社会に出てから、出世するのに十分なお金を引き寄せる方法を知らなかったのも無理はない。なけなしのお金をやりくりする方法は知っていたが（母親がそう教え込んだ）、生活していくのに十分なお金を得る方法についていては、まったくわからなかった。

しっかりとした予算管理によって、私は貯蓄が得意だったが、とても悔しいことが起こる。数百ドル貯めることができたとしても、たまたま銀行に入っていた金額と同じ請求が来るのだ。ある時期、500ドル強の貯金ができて、かなり満足していたのを覚えている。ガールフレンドとの休暇を計画していたのだ。しかし、その翌日、私は3つの請求書とスピード違反の罰金を受け取った。

そんなことが20年近く続いた。どこに住んでいようが、どんな仕事をしていようが、どんな人たちとつきあっていようが関係なかった。毎月毎月、私はいつも現金が不足していた。今は亡きジム・ローンが言っていたように、月末になるといつもお金が足りなくなるのだ。

お金を管理する方法を知らなかったのではなく、お金にまつわるプログラムを解除する機会を逸していたのだ。請求書（または罰金）を受け取り、その感覚を感じるたびに、私はそれに対処する必要がないように感覚を抑圧することで反応していた。今となっては、私がしていたのは、無意識が意識化するのを止めることだとわかる。つまり、その感覚が再び湧き上がってくるような状況を作り出す決断をしてばかりいたのだ。それが私の人生パターンだった。この教訓を学ぶのに20年以上かかった。この例に共感できる人は、次のテクニックを試してみてほしい。

① 家計の中で、何かトリガーとなるものを特定する。銀行口座、クレジットカードの明細書、個人ローン、住宅ローン、あるいは借金取りからの電話かもしれない。

②このトリガーを思い浮かべながら、身体内のエネルギー的な感覚を観察する。

③その感覚を調整する。

④それらに「6つの禁止事項」を適用する。レッテルを貼らない、自分のものにしない、判断しない、抵抗しない、正当化しない、説明しない。ただ身体の感覚を観察する。

⑤トリガーに対し必要な回数、このプロセスを繰り返す。

⑥感覚を再測定し、強度の低下を判定する。強さが軽減していることに気づくはずだ。その代わりに新しい感覚や異なる感覚を経験するかもしれないことに注意してほしい。その場合は、このプロセスを繰り返してもらいたい。

⑦お金と金融に関する他の分野においても体系的に実践し、それらに関連するエネルギー的な感覚を体験する。より多くの領域を不活性化すればするほど、より多くのプログラミングが解除される。

結果からは逃れられない

お金にまつわるエネルギー的な感覚を不活性化しても、過去の決断の結果を避ける助けにはならない。済んだことは済んだことであり、私たちは皆、自分の決断の結果を背負わなければならない。そうすることで得られるのは、未来において異なる選択をする能力だ。そうすることで、より好ましいと思えるような、異なる結果を生み出すことができるようになる。

人生はすべて無常であることを忘れてはならない。将来のある時点で、あなたの経済状況は変わっているだろう。

20キロ減量

私がジェイソンと仕事を始めたとき、彼はひどい状態だった。50代前半の彼は、血糖値が常に12を超え、糖尿病のコントロールが効かず、腰、首、背中にまんべんなく40キロの余分な体重を抱えていた。オーストラリア有数の大企業で上級管理職として働いていた彼は、これが成功の代償だと考えていた。しかしジェイソンは、このままのライフスタイルを続ければ、早晩墓場行きだとわかっていた。

ジェイソンにとって本当に問題なのは、状況を改善するために何をすべきかわかっていながら、それを実行していないことだった。医師の診察を受け、生活習慣を改善するためのアドバイスを受け、それに従えばいいのだ。彼はそれを知っていたのに、実行しなかった。

ジェイソンは同年代の多くの男性と同じように、医者に行くことに慣れていなかった。行こうと思ったとき、彼は避けたいような好ましくないエネルギーに満ちた感覚を覚えた。

彼が健康を改善できるように、私たちは、彼が医者に行こうと思ったときに経験するエネルギー的な感覚を不活性化した。不活性化後、ジェイソンは通常の嫌悪感なしに医者を訪れることができた。そこで彼は、医師が知る必要のあることを、より正直に、完全に分かち合うことができた。医師は彼に、始めるべきこと、やめるべきことのリストを渡した。彼は人間関係を管理するために心理学者を訪ね、糖尿病を管理するために看護師を訪ね、運動するためにパーソナル・トレーナーを雇うようになった。

6カ月後には血圧はほぼ正常値まで下がり、体重は20キロ減り、血糖値もコントロールできるようになってきた。ジェイソンは、まだ先は長いとわかっているが、医者のことを考えるときに自分自身と戦っているわけではないので、もう大丈夫だ。

医者に関連するエネルギー的な感覚を不活性化することは、他の不活性化と同じプロセスを踏む。

①医者に行くことを考える。

②自分の身体に生じるエネルギー的な感覚を観察する。

③感覚の強さを測定する。

④これらに「6つの禁止事項」を適用する。レッテルを貼らない、自分のものにしない、判断しない、抵抗しない、正当化しない、説明しない。ただ身体の感覚を観察する。

⑤感覚の強さを再測定し、強さの減少を判定する。強さが減少していることに気づくはず。その代わりに新しい感覚や異なる感覚を経験するかもしれないことに注意してもらいたい。その場合は、このプロセスを繰り返してほしい。

⑥必要に応じて繰り返す。

午前3時に眠りにつく

午前3時に目が覚めて、それまでの24時間に起きた些細なことを反芻するのは楽しいことではない。特に、対処すべき重大なことを反芻しているときはストレスがたまる。しかし、翌日にきちんと対処するためには、質の良い睡眠が必要だ。

午前3時に目が覚め、なかなか寝付けない夜が続くと、就寝がストレスになる。就寝時にリラックスしてくつろぐことができる代わりに、緊張が高まり、また夜が明けるのではないかという恐怖が高まる。こうなると、寝るのがさらに難しくなる。午前3時に目が覚める感覚に反応しないことで、この影響を軽減することができる。

① 夜中に目が覚めたら、身体の感覚に注意してほしい。身体内の感覚はＳＢＦＬの結果である。身体の上の感覚には、ベッドに横たわった身体、枕の上の頭、身体の上の毛布などが含まれる。また、目を覚ましている思考を考えたときに経験する感覚にも注

意を払う。思考ではなく、感覚に集中する。

② これらの感覚に細心の注意を払う。

③ それらに「6つの禁止事項」を適用する。レッテルを貼らない、自分のものにしない、判断しない、抵抗しない、正当化しない、説明しない。ただ身体の感覚を観察する。

このテクニックを使った私の経験では、通常、眠りに戻るのに1分もかからない。

チョコレートよ、いなくなれ

このテクニックは、あなたが惹かれるどんな悪癖にも使える。ロリポップ、アルコール、ケーキ、テレビ観賞など、あなたが楽しんでいる罪の意識に満ちた快楽なら何でもいい。この例ではチョコレートを使う。

このテクニックは、トリガーとなるものが近くにあるとわかっていながら、そのトリガーに影響されたくないときに使う。チョコレートは、社交の場でも、朝のお茶の時間でも、スーパーマーケットでも、よく見かけるものだ。どんなに避けようとしても、あなたの一週間のどこかにチョコレートは現れるだろう。このテクニックは、チョコレートに引き寄せられる自分の中の感覚を不活性化する。

① チョコレートの魅力から解放されたい、ということを心に決める。
② 背筋を伸ばして楽に座り、目を閉じる。数呼吸、鼻から出入りする空気に集中する。
③ マインドの中で、あなたの魅力を断ち切りたいチョコレートを思い浮かべてほしい。それは特定の種類のチョコレートバーかもしれないし、特定のブロックチョコレートかもしれないし、チョコレートバーの詰め合わせが入った箱かもしれない。私の場合はハニーコムチョコレートだった。
④ 感覚の強さを測定する。
⑤ チョコレートのことを考えている間、身体に起こる感覚に注意を払う。観察してほしい。
⑥ それらに「6つの禁止事項」を適用する。レッテルを貼らない、自分のものにしない、

判断しない、抵抗しない、正当化しない、説明しない。ただ身体の感覚を観察する。

⑦ 感覚が落ち着いたら、別のバージョンのチョコレートを思い浮かべ、そのプロセスを繰り返す。これで誘惑を断ち切ることができる。

⑧ 感覚を再測定し、強度の低下を判定する。強さが軽減していることに気づくはずだ。その代わりに新しい感覚や異なる感覚を経験するかもしれないことに注意して欲しい。その場合は、このプロセスを繰り返してもらいたい。

成功を試す

通常、上記のステップでチョコレートへの欲求を停止させるには十分だが、テストしてみるのもよいだろう。以下のステップでは、チョコレートへの欲求がどの程度減退したかを試すことができる。

① ショップでお気に入りのチョコレートを買う。

② 包みを閉じたまま、チョコレートを見て、触って、包みからチョコレートの香りがす

るか確かめる。

③ 身体に生じる感覚を観察する。

④ それらに「6つの禁止事項」を適用する。レッテルを貼らない、自分のものにしない、判断しない、抵抗しない、正当化しない、説明しない。ただ身体の感覚を観察する。

⑤ その後数日間、チョコレートを包装したまま、いつも目にする場所に置いておく。そのチョコレートを見たときに、あなたの身体に起こる感覚を観察してほしい。6つの禁止事項を適用する。

⑥ 1週間後、包みを開けてチョコレートの香りを嗅ぐ。もう一度、身体に生じた感覚を解放してほしい。

⑦ チョコレートを皿に開けたまま、いつも目にする場所に置いておく。開けている数日間、チョコレートを見たり香りを嗅いだりすることで、あなたの身体に生じる感覚を観察してほしい。

⑧ 一週間後、チョコレートを一口食べてみる。味を楽しみながら、身体に起こる感覚を楽しんでほしい。その感覚が過ぎ去るにまかせよう。

このプロセスに従えば、家の中にチョコレートがあっても、すぐにそれを食べたくならないところまで、とても早く到達できるだろう。このプロセスは、あなたが惹かれるどんな悪習にも効果がある。このテクニックをアルコールに使いたい場合は、アルコールを摂取する前に使うことをお勧めする。アルコールは感覚を麻痺させる作用があるため、身体の感覚を感じなくするだけだ。

メン・イン・ブラック――記憶消去

1997年の映画『メン・イン・ブラック』では、エイリアンが地球に住み始めた。このことを人間に秘密にするのがメン・イン・ブラックの仕事だった。もし人間がエイリアンを見かけたら、メン・イン・ブラックが出動して対処する。彼らはエイリアンを見た者を集め、「ニューロライザー」を見るように頼む。明るい光が点滅し、脳内の電気インパルスを分離し、エイリアンの記憶を消去するのだ。私はいつも、これがあったらクールだろうなと思っていた。そうすれば、自分がした馬鹿なことの記憶を山ほど消すことができるだろう。結局のところ、高価な（そして存在しない）おもちゃは必要なかったのだ！　これがその使い方だ。

①　まず、消したい記憶を思い浮かべてもらいたい。
②　それに関連する感覚の強さを測定する。
③　背筋を伸ばして椅子に座る。目を閉じ、鼻から数回呼吸をする。
④　消去したい記憶を再生する。
⑤　記憶を再生している間、身体の感覚に注意を払う。ただ見ているだけでいい。
⑥　それらに「6つの禁止事項」を適用する。レッテルを貼らない、自分のものにしない、判断しない、抵抗しない、正当化しない、説明しない。ただ身体の感覚を観察する。
⑦　これを3回繰り返す。
⑧　先に進んで、他のことをする。
⑨　再プログラミングを避ける。座ったまま、消去しようとした記憶を思い出そうとすれ

ば、その記憶はあなたに再プログラムされてしまう。その記憶から注意をそらすために、立ち上がってその場を離れよう。数分もすれば、その記憶を忘れていることに気づくだろう。

⑩ その数時間後、その記憶にアクセスできるかどうかを確認する。その記憶との関連で経験したあらゆる感覚を測定する。その程度が軽くなっていることに気づくはずである。その代わりに、新しい感覚や異なる感覚を経験するかもしれないことに注意してほしい。その場合は、このプロセスを繰り返してもらいたい。

このテクニックはいくつかの場面で役に立った。末娘が6歳のとき、私たちは買い物に出かけた。娘はスクーターに乗っていて、私はその横を歩いていた。娘が完全にコントロールしながら走っていると、前輪で小さな岩にぶつかった。その瞬間、スクーターはピタリと止まり、彼女はハンドルバーを乗り越えて歩道に頭から着地した。彼女はヘルメットをかぶっていたし、泣いていなかったので、私は立ち上がるように促した。彼女は立ち上がり、「歯が！」と叫んだ。

彼女の天使のような顔を見ると、前歯が2本、真っ二つに折れていた。それを見た瞬間、私は身体中に大きな衝撃が走るのを感じた。まるで感電しているようだった。私は行動に移した。向かった先の店の歯科医に電話した。ドクター・トリロックは魔法をかけるために店を開けていてくれた。事故から45分以内に、彼は彼女の歯を修復した。今日のアディの歯を見れば、それが半分偽物だとはわからないだろう。

しかし、この事故からの回復にはかなり時間がかかった。事故から10年以上経った今でも、事故を思い出せば、あの日に感じたエネルギー的な感覚を思い出す。歯が折れた美しい娘の姿は、一生忘れることはないだろうと思っていた。その記憶を無効にするまでは。

今では、あの出来事を思い出しても、ちょっとした反応しかない。やろうと思えば、この反応をさらに弱めることもできる。そうしないのは、そのことを話すために思い出す必要があるからだ！

私はこの技法を使って、トラウマとなった記憶を消したこともある。かつて、私にとってとても大切な人の職場での悲劇的な死を知らされたことがある。その電話を受けたとき、私は典型的な激しい反応、つまりクリケットのバットで殴られたようなエネルギー的な感覚を覚えた。午後にその電話を再生すると、私は同じ感覚を経験し続けた。

電話の数時間後、私はその感覚を止めることにした。私はその感覚とともに座り、その感覚が私の身体内を移動するのを観察した。これは数分かかったが、やがておさまった。そのとき、同じエネルギー的な反応なしに、電話のことを考えることができた。

重要なのは、記憶に対する反応を消したからといって、死に対して感じていた悲しみが軽くなったり、無効になったりしたわけではないということだ。私ができるようになったのは、自分が感じている悲しみにもっと完全に立ち会い、電話の衝撃を追体験することなく、その悲しみを処理することだった。

あなた2・0

もしあなたが、ある資質を身につけるという目標を持ったことがあるなら、このテクニックはあなたのためにある。

もっと寛大になることが目標かもしれない。あるいはもっとリラックスすることかもしれないし、パートナーともっと愛し合うことかもしれないし、子供と遊ぶときにもっと存在感を示すことかもしれない。それが何であれ、これは助けになるだろう。

①　自分が伸ばしたい特性を特定する。
②　その特性を持つ人ならどうするかを特定する。より寛大であることであれば、通勤途中のホームレスの人に数ドルをあげることかもしれない。パートナーにより愛情を注ぐなら、花束を贈ることかもしれない。
③　背筋を伸ばして椅子に座る。目を閉じ、鼻から数回呼吸をする。
④　マインドの目で、あなたが望む特性を持つ人がするような活動をしている自分を思い浮かべる。気前がいいという例でいえば、道行く人に5ドル貸してほしいと頼まれたら、5ドルを渡すことかもしれない。
⑤　身体で感じる感覚を測定する。
⑥　感覚に「6つの禁止事項」を適用する。レッテルを貼らない、自分のものにしない、批判しない、抵抗しない、正当化しない、説明しない。ただ身体の感覚を観察する。

⑦　これを3回繰り返す。

効果を10倍にする

下記のテクニックは、上記の効果を高める。

①　椅子に座ったまま、特性を10倍にした自分をイメージする。
②　道行く人に「50ドルちょうだい」と言われ、50ドルを渡す自分の姿を思い浮かべてほしい。
③　身体の感覚を観察し、測定する。
④　その感覚に「6つの禁止事項」を当てはめる。
⑤　これを3回繰り返す。
⑥　あなたが発達させたいと望むこの特性を中心に、身体で経験するあらゆる感覚を再測定する。あなたは、その強さが軽減していることに気づくはずだ。その代わりに、新しい感覚や異なる感覚を経験するかもしれないことに注意してもらいたい。その場合

は、このプロセスを繰り返してほしい。

⑦ 世界に出て、寛大に行動する。

⑧ 身体の感覚を観察する。その感覚に「6つの禁止事項」を当てはめる。

これは、5ドルを要求するすべての人に5ドルを渡さなければならないという意味か？そうではない、でもあなたが望むならそうしてもいい。これは選択の立場に立って行動するということだ。

このテクニックを使う前なら、自分の中のプログラムのせいで、5ドルも出さなかっただろう。あなたが経験するエネルギー的な感覚は、それをするなと言っていただろう。今、あなたはその人にお金をあげるかあげないかは、自分の意思で決める。これには、単にやりたくなかったとか、コーヒー代が必要だったとかいった理由も含まれる。

集中力

私たちは誰でも、自分の役割に必要な難しい仕事をするために、深い集中力を必要とするときがある。集中するための正しいマインドセットになることができなければ、どんな仕事にも必要以上の時間、注意力、エネルギーが費やされてしまう。もしあなたが深い集中力を身につける必要があるなら、このテクニックはあなたのためにある。

① あなたの深い注意を必要とする活動を特定する。

② 背筋を伸ばして椅子に座る。目を閉じ、鼻から数回呼吸をする。

③ マインドの目で、その仕事に取り組んでいる自分を思い浮かべる。自分の視点から思い浮かべてもいいし、自分がやっているのを見ているように思い浮かべてもいい。どちらでも構わない。

④ 身体に生じる感覚を観察する。

⑤　感覚を測定する。

⑥　それらに「6つの禁止事項」を適用する。レッテルを貼らない、自分のものにしない、判断しない、抵抗しない、正当化しない、説明しない。ただ身体の感覚を観察する。

⑦　身体の感覚を常に観察しながら、数分間その光景を見続ける。

⑧　あなたが発達させたいと望むこの特性を中心に、身体で経験するあらゆる感覚を再測定する。あなたは、その強さが軽減していることに気づくはずだ。その代わりに、新しい感覚や異なる感覚を経験するかもしれないことに注意してほしい。その場合は、このプロセスを繰り返してもらいたい。

⑨　さあ、仕事に取りかかろう。気が散ることが少なくなり、目標達成に集中できるようになるはずだ。

この本を書いている間、私は毎朝このエクササイズを使った。このテクニックひとつで、毎日4～5時間の集中力を得ることができた。

意思決定

私たちはしばしば、同じように有効な2つの選択肢の間で決断を下す必要がある。意思決定のフレームワークやプロセスを駆使しても、2つの選択肢の間にあまり差がないことに気づくかもしれない。

どうするべきか？

通常のプロセスは、どうするのが最善かを検討することである。しかし、本書の冒頭で見たように、私たちが選択肢を検討するとき、それはただひとつの声が独り言を言っているにすぎない。声は公平でも独立したものでもない。「声」が優劣を測っているのは、必ずしも決定とその結果とは限らない。

「声」が重きを置いているのは、どちらかの選択肢を選んだ場合、マインドの中でどう感じるかということだ。それぞれの状況に遭遇したときにどう感じるか、プログラムをテストしているのだ。そして、より望ましい感覚を得られる選択肢を選ぶ。これでは、その状況にとって最善の結果が得られるとは限らない。もっといい方法がある。

①　背筋を伸ばして椅子に座る。目を閉じ、鼻から数回呼吸をする。皮膚の上を通過する空気と、鼻の穴から出入りする空気に注意を払う。

②　選択肢1をマインドに留めておく。その際、身体に生じる感覚に注意を払う。

③　それらに「6つの禁止事項」を適用する。レッテルを貼らない、自分のものにしない、判断しない、抵抗しない、正当化しない、説明しない。ただ身体の感覚を観察する。

④　感覚が収まったら、2番目の選択肢でこのプロセスを繰り返す。

⑤　この作業を3回繰り返せば、心の濁りは透明になるはずだ。

⑥　このプロセスが終わっても、まだ最善の決断がはっきりしない場合は、もう一度このプロセスを繰り返す。

⑦　このプロセスを何度繰り返しても、まだ明白な選択肢が見つからない場合は、おそらく調査すべき別の選択肢があるのだろう。上記のプロセスを繰り返し、今度は1でも2でもない選択肢を選んだことをマインドに留めておく。そこから生じる感覚が過ぎ

去るにまかす。

結論

100%の選択で生きる

さてお次は？

マインドセット・マスタリーは、遊ぶには楽しい、素晴らしい知的エクササイズになる。しかし、それを行動に移さない限り、多くを得ることはできない。だから行動を起こそう。あなたが追い求めている目標に向かって進むような行動をとるのだ。身体に感覚を感じたら、それに反応しないでほしい。

行動を起こすとき、自分の世界に何が現れるかに注意を払う。それは助けになるものであったり、妨げになるものであったり、あなたが達成したいことであったりする。それが何であれ、あなたの周りの世界があなたの中の感覚を引き起こすときに何が起こるかを観察し、反応しないこと。適切であれば行動を起こすが、反応してはいけない。そのエネルギーが身体内を移動するのを観察し、「6つの禁止事項」を適用するのだ。

どんな状況でも、何が期待されるのか、先入観にとらわれることなくアプローチすることで、本当にそこにあるものを見ることができる。そうすることで、より深いプログラムが誘発され、反応することなく感覚を経験することができる。それは仕事に集中し、より生産的になるための道であるだけでなく、精神的な悟りへの道でもある。

不倫のデイヴィッドは？

マインドセット・マスタリーの欠点があるとすれば、自分の人生を100%選択できるようになったことだ。あなたは何も人のせいにすることはできない。決して。自分の考え、決断、行動すべてに責任がある。不倫を、あなたが抱いた感情や、それが「しっくりきた」だけのせいにすることはできない。これは、あなたの中にある渇望に関するプログラムに過ぎない。

この原稿の初期のコピーを友人に見せたとき、彼はデイヴィッドがニコールと不倫したことについて私に異議を唱えた。『もしデイヴィッドがこのテクニックを使っていたら、浮気を避けられたと100％断言できるのか』と。

その答えはノーでなければならない。私たちには常に自由な選択がある。やりたいことをやることもできるし、やらないこともできる。

マインドセット・マスタリーが彼に与えたであろうものは、次に何ができるのか、何をすべきなのかについてのより明確な洞察である。おそらくキャロラインとの結婚は彼が求めていたものではなく、求めていたのはニコールだったのだろう。おそらく彼はキャロラインを本当に深く愛していたが、20年前の物語にしがみついていて、それに気づくためにニコールに会う必要があったのだろう。

しかし、もしデイヴィッドがマインドセット・マスタリーのテクニックを使っていたなら、彼は自分が作り上げた物語から自由に行動していただろう。彼は自分の身体の感覚が、浮気をしなければならないという意味ではないことを理解できただろう。むしろ、その感覚は自分の中でプログラムが活性化された結果なのだと理解できたはずだ。彼は自分の身体の感覚を楽しみ、キャロラインのもとへ帰ることができた。あるいはニコールと一緒に家に帰ることもできた。

しかし、彼は自分の意志で行動し、自分が何をしているのかわかっていたはずだ。あるいは、しなかったかもしれない。

考えてみれば、誰かと出会って、その人が自分の中に素晴らしいエネルギーを引き起こすということは、とても驚くべきことだ。

喜びや愛といった素晴らしい感覚を感じさせてくれる。しかし、もしあなたが本当に望んでいないのにそれを行動に移せば、その喜びや愛は簡単に高価な代償、離婚に変わってしまう。

マインドセット・マスタリーを使うとき、あなたは選択の立場から行動する。潜在意識のプログラムに振り回されることはない。あなたは、自分がどう感じ、どう行動し、何をするかしないかを自由に選ぶことができる。

つまり、習慣から解放され、規律に頼ることなく、自分の行動をコントロールするために外部の何かを必要としない人生を送ることができるのだ。反応的な行動から解放され、その後に起こりがちな混乱を避けることができる。つまり、やることを減らして、より多くのことを達成できるのだ。それがマインドセット・マスタリーなのだ。

訳者あとがき

ダレンと会ったのは、2023年のオックスフォード大学だった。彼と私はオックスフォード大学のサマースクールで「自己とは何か：西洋と東洋の哲学」の講義を一緒に受けたのである。イギリス人、アメリカ人、イタリア人、ドイツ人、スウェーデン人、カナダ人、ベルギー人と色々な国から受講生が集まっていた。その中でアジアと言えるオーストラリアと日本から我々が参加していた。

私は英語のスピーチの練習がもっと必要だ。読み書きは下手すると外国人より早いが、スピーチは得意でない。例えば、講義で間違った仏教哲学の説明があった時、仏教哲学を愛し、実践しているダレンが私の発言を補強してくれた。また、ハリー・ポッターの撮影が行われたクライストチャーチカレッジの食堂で一緒に食事をした（約一週間、毎日3食をハリー・ポッターの撮影現場で頂いた）。

その中で、彼がコーチングの専門家でもあることも知り、彼の本もすぐにキンドルで買って読ませてもらった。

読んでみて、中身がすごくシンプルだし、私が大好きな禅と重なるところが多く、まあ、ダレンのキャラクターが大好きになり、ダレンに「折角だから日本語で出版しないか」と提案し、そのまま実現したのが本書である。

雑な翻訳を怒られるかもしれないが、マインドセットマスターリングを会得し、一日で翻訳させてもらった。

とにかく、本書を日本語で出版することを即断してくれた苫米地英人博士、そして株式会社サイゾーの揖斐憲氏と岩田悟氏には深く感謝をしたい。

また、読んで頂いた読者の皆様にも大きく感謝したい。この本の印税でダレンを日本に呼んで、日本でコーチングの講演をしてもらいたいと心の声がつぶやいている。「6つの禁止事項」を使い、正直赤字になる可能性が高いと分かっているが、自然体で物事は平穏に進んでいくと確信している。

南無地獄大菩薩

源行こと、アイアン・フジスエ

　～を乱すもの　30-32
報酬　107
ホーキンス、デイヴィッド　84, 106
ポジティブな　20
ボディスキャン　66, 67, 70, 71, 157
ボディランゲージ　128, 129
ポルノ　126

【ま行】

マインドセット・マスタリーとは何か　20-22
マインドセット・マスタリーの実践　117-198
間違っている　88-90
マッケイ、ヒュー　126
無意識を意識化する　19, 46, 58, 89, 93, 122, 127, 149, 164, 171
無関心　42, 104
無執着　42-45, 102-104
無常　39-41, 58, 93, 122, 173
メリッサ　74-77
メン・イン・ブラック　181-185
目標　41, 42
物語　94-116
　感覚と～　105-112
　不平屋と～　106-112

【や行】

薬物　126
夢　13
ユング、カール　19, 164
「良い」習慣　17
抑制　127
予測可能な行動パターン　32
欲求　32, 33, 36-39, 49, 72, 84, 86, 93, 105-107, 115, 122, 124, 130, 136, 138, 146, 168, 179

【ら行】

理性的な行為者　85
リラックス　30, 166-169
ロールシャッハ、ヘルマン　96
ロールシャッハテスト　96, 97

善と悪の闘い　15
ソーシャルメディア　16, 133

【た行】
ダイエット　16, 81, 82, 91, 173-175
対抗　18, 19
タイム・トラベル　89, 90
対立　125
正しい　88-90
正しいか間違っているか　107
他人のせいにする　86
中毒　35, 131
チョコレート　72, 177-181
デイヴィッドとニコール　26, 48, 64, 134, 195, 196
ディスペンザ、ジョー　147
デフォルト・モード・ネットワーク　78
電話営業　15-18, 21, 160-163
逃走、闘争、凍りつき反応　35
トラウマ　38, 184
トリガー　20, 37

【な行】
内的衝動　14
何もしない　118-148
偽者（インポスター）症候群　158-160
日記を書く　35
認識　34, 35, 111
認知　34
ノンアタッチメント→無執着

【は行】
鋼の安定　20, 22
罰　107, 109
番組　16, 17
反応しない　21, 32, 36, 47
反応　20-22, 32-38, 47, 118-148
　習慣から反応する　21
人前で話す　125
皮膚感覚　68
表現　128-130
フィットネス　16
不応期　37, 38
深い集中力　189, 190
不幸　40, 41
ブッダ　38-41, 135
不適応な行動　13
不平屋　54-56
　～が使う物語　106-112
ブラウン、ブレネー　60, 63, 126
プログラミングを理解する　26-50
プログラム　19, 21
　～を不活性化する　36
平穏　31
平静　20, 22, 30-33, 38, 40-42, 44, 48, 49, 103, 104, 149

記憶消去　181-185
期限戦略　57, 58
犠牲者　13
キャリブレーション　156, 157
休暇　15
恐怖　14, 61, 63, 64, 127, 157, 159, 176
規律　12, 14-18, 197
規律の問題　14-17
筋肉の感覚　68
苦しみ　38, 42, 109
欠陥の視点　12
嫌悪　32, 36-41, 48, 49, 56, 57, 67, 72, 73, 83-90, 93, 98, 99, 103, 105-107, 109, 115, 122-124, 130, 136, 138, 145-147, 174
言語の限界　60-62
原子　51-53
減量→ダイエット
後悔　17, 29
効果を10倍にする　187, 188
交渉　57, 58
幸福感　47, 104
コミットメント　102-104
コントロール　53, 54

【さ行】

罪悪感　17, 177
先延ばし　57
さまざまな考え方　12
思考　30, 31, 33, 34, 36-38, 44, 46, 49, 67, 78-80, 82-87, 92, 93
　～の不活性化　93
　～を無視をする　34
　感覚と～　85-87
　～を停止する　93
自己啓発本　12-14
シドニーへのフライト　94-96
ジャー、アミッシュ　100
習慣　12-22, 32, 72, 197
習慣化　106, 146, 147
習慣の虜　12-23
消化器　69
勝利　110
進化　18, 62
真実　108
身体からのメッセージ　18
心的外傷後ストレス障害（PTSD）38
心配する　129
睡眠　176
ストア派　19
世界との関わり方　25-50
セックス　126
セラピスト　35
選択肢　17, 29, 191, 192
選択による行動　20, 21
選択の中に生きる　194-198

索引

【数字】
2万5千ドルのマインド・テクニック　150-156
6つの禁止事項　45, 46, 58, 73, 93, 136-143, 153-192

【あ行】
愛　61
朝の目覚め　30
頭の中の声　72-93
あなた2.0　185-188
アファメーション　35
アプリ　13
アルコール　15, 17, 126, 151, 166-168, 177, 181
怒り　31, 44, 61, 139, 144-146, 148
意思決定　191-193
意志の力　16-18
依存　130, 131
依存症→中毒
痛みと苦痛　69
意味の投影　98, 99
受け入れること　43
内なる力　16, 17
　～の抑圧　16, 17
運命　19
エネルギー　51-73
エネルギー的な感覚　31
　～を避ける　59
　～を経験する　56, 60-62, 72, 121, 161, 168, 184, 188
　～に注意を向ける　93, 142, 157, 159, 162, 165, 172, 175
　～を不活性化する　135, 173, 174
　～をラベリングする　60, 62
　～への反応　98, 135, 142, 149
　～への対処法　57
　～と思考　142
エリアル、ニール　125
お金を管理する　169-173

【か行】
回避　18, 32, 33, 125, 126, 132
外部からの刺激　68, 69
葛藤　16
変わる　39-41
感覚→エネルギー的な感覚
感覚と身体のフィードバック・ループ　33-38, 47-49, 56, 70-72, 78, 83, 84, 86, 87, 93, 102, 111, 122, 123, 125, 127, 132, 138, 140, 141, 143, 176
　～を観察する　71, 72
観察　70, 71
感情　61-63
　～を避ける　13
　～を抑える　13
記憶　89, 90, 181

参考文献

Bond, N. & McConkey, K. Psychological Science: An introduction
Carnegie, D. How to Win Friends and Influence People
Clear, J. Atomic Habits
Coelho, P. The Alchemist
Cook, P. New Rules of Management
Duhigg, C. The Power of Habit
Eyal, N. InDistractable
Eysenck, M. Principles of Cognitive Psychology
Feist & Feist, Theories of Personality, 5th edition
Filo, R.V.T. 'Hermann Rorschach: From klecksography to psychiatry'
Fogg, B.J. Tiny Habits
Greene, R. 48 Laws of Power
Greene, R. The Art of Seduction
Grey, W. & LaViolette, P. 'Feeling Codes and Organized Thinking'
Hart, W. The Art of Living
Hawkins, Dr. Truth vs Falsehood: The art of spiritual discernment
Hawkins, Dr. Power vs Force: The hidden determinants of human behavior
Hawkins, Dr. Letting Go
Jeffers, S. Feel the Fear and Do It Anyway
Jung, C. Archetypes and the Collective Unconscious
Kahneman, D. Thinking Fast and Slow
Koga, F. & Kishimi, I. The Courage to be Disliked
Manson, M. The Subtle Art of Not Giving a F*ck
McRaven, W. Make Your Bed
Singer, M. The Untethered Soul
Vaden, R. Take the Stairs
van der Kolk, B. 'The Body Keeps the Score; Brain, mind and body in the healing of Trauma'

著者紹介

行動科学者、ピークパフォーマンス戦略家。人々が脳と体の機構から最大限の力を引き出す手助けをすることに情熱を注いでいる。シドニー大学で法律、オックスフォードで哲学、南オーストラリア大学で心理学を学んだ。彼は、家族経営の中小企業、多国籍企業、ASX上場企業、オーストラリアの公共サービスで働いてきた。セーリングの元オーストラリア代表選手である彼は、最高レベルのスポーツとビジネスで成功するには何が必要かを見てきた。

彼は、賢い人々が頭の中の声を静め、集中力を妨げる精神的な夾雑物を取り除く手助けをする。カンファレンスでの講演、チームのトレーニング、シニア・リーダーのコーチングを行い、人々がより少ない労力でより多くの成果を達成できるよう支援している。 オーストラリアと世界中に顧客がいる。

連絡先：
darren@darrenfleming.com.au
www.darrenfleming.com.au
www.linkedin.com/in/darrenfleming/

ダレン・フレミングの他の著書

Speak, Motivate, Lead: How real leaders inspire others to follow
The Secrets of Highly Effective Speakers
How to Write a 10-Minute Presentation in Under 2 Minutes
More Sales, More Profit – because that' s what we all want
Don' t be a Dick: Creating connections that make influence happen
Selling for Accountants

訳者紹介

アイアン・フジスエ

禅と哲学を素人ながら愛する元プロボクサー。官・学・政と転職を繰り返し、現在、会社を作り「産」に挑むフリーランス。禅の修行者として「源行」とも名乗っている。

マインドセット・マスタリー
コーチングのプロが教える心の定め方

2024年5月1日　初版第1刷発行

著者　ダレン・フレミング
訳者　アイアン・フジスエ
発行者　揖斐 憲
ブックデザイン　BOOLAB.
発行所　株式会社　サイゾー
〒150-0044
東京都渋谷区円山町20-1-8F
電話　03-5784-0790（代表）
印刷・製本　株式会社　シナノパブリッシングプレス

ISBN 978-4-86625-182-0